杜松柏 著

智慧的禪公案

臺灣學生書局印行

以禪入書：明暗文參 礙而實通

悟解心開

知止齋主試作

代序　開悟、智慧、禪公案

人類有感覺器官，而產生了知覺，經由求生存和能生活的一切活動，其結果是產生了以「後驗」為主的知識；人類更有與其他動物不同理性本能和器官，以「思之思之，鬼神通之」的邏輯思惟，在積累的經驗知識的基礎上，開拓了想像的理想空間，創建了經驗知識之外的知識和科學世界，以登陸月球、太空船站、電腦網路等等，代表了人類文化的高層級，正在方興未艾，突飛猛進之中。

自古以來，人類具有不同於上述二者的本能，以完全不同於知覺經驗和思惟想像的方式，那就是開悟後所得的大智慧，其特別之處是見聞覺知所不能到，思索智力決不能通，語言文字亦不能確切形容道出的，如佛曰「不可說、不可說」。老子的「道可道，非常道；名可名，非常名」。「強名之曰道」；莊子所寓言的「至人」、

「真人」、「神人」的境界，均非知覺思惟所可達到❶，只有開悟成功的「頓悟」、「徹悟」，才能「潛符默證」，得到圓滿至極，無欠無餘的「大圓鏡智」，而見於宗教和哲學者，尤以釋迦牟尼佛所悟的最偉大、最真切、最圓融，所以佛陀是大覺者，其說法和行道四十九年，都是徹悟所得。開悟而且可通於知覺思惟方面，而救補其所不足，孟子的所謂「一旦豁然貫通焉」，世俗的「開竅」，即開悟之謂。又如阿基米德入浴時，悟得了水的浮力定律，真是例證屢屢，不煩一一列舉。可以說開悟高於知覺思惟，而又通於此二者而有以濟其窮，感覺思惟所得的是知識技藝，而悟得的則為智慧，有時且可不外於知識技藝。

什麼是開悟而達的「頓悟」、「徹悟」？即我們於所遭遇的疑難、困惑等等，竭盡了一切覺知的經驗知識，和可以作為的種種努力，以及思惟判斷的方法智慧，而無法解決之後，突然因某種外在情景的突發刺激之下，而豁然貫通了，開竅了，如夢之忽覺，暗之突明，愚而得智，於前之疑難、困惑，無不明白，無不貫通而得解決之道。神奇而不可思議的，由迷至悟，由智至愚，且無界線可區分，開悟又無時機可把握。其基本的是每一個體具有的潛能為主因，以所知覺思惟不能解決的疑難、困惑為範圍，久久在念，形成契機的凝聚，不知何時何地與任何外緣的刺激和引發，而頓悟、徹悟（詳見下文〈貳、佛性的闡明〉）。其與覺知、思惟最大不同之處，是「直感的」、「直覺的」、不知其然而然的。「頓悟」、「徹悟」之後，所得的是智慧、或特異功能而近乎神通，如禪宗所謂「見山不是山，見水不是水」。「人從橋上過，橋流水不流」；迷則是凡夫，悟則是佛是聖，故能由無法而建立萬法，如佛陀，甚至愛迪生等的某些發明；而且「一通百通」，「一了百了」，如大圓鏡的高懸，照鑑了一切，通曉了事理而無礙，且能由體起用。知覺、思惟及所得，相形見絀。以上種種可稱之為智慧的神奇，但仍有下述的特性：

一、悟的通徹性：在某一範圍之內悟了，即全然消除迷惑，通徹了體與用、事與理、明與暗的全部。

---

❶ 老子所說的道，自有思惟所得的可能，但就其不能言說的部分而言，則惟有開悟方能得之。至於莊子的「至人」、「神人」、「真人」，其「達成」的方法則為「心齋」、「坐忘」、「喪我」，則決非知覺思惟，而係指經此三者而悟得。

二、悟的旁通性：即悟此可以通彼，如書法與繪畫之相通，跳高與跳遠、游泳時的蛙式與自由式等。

三、悟的局限性：悟是某一潛能的引出或激發，能不能悟，所能悟達的受此局限；更受範圍的限制。極明顯的是手巧了，不能通於心靈；科學不能通貫哲學，甚至一般事物。例如佛陀不能發明原子彈，甚至不能前知有弟子的叛教。

四、悟的衰滅性：悟是由於某種潛能的引發，其潛能的強弱起伏，形成了悟的增減，而且隨個人年事的大小，生理的強弱，精神心理狀況的衰弱而衰減，如兒童的有某種直覺能力，年長即衰減以至消失。

五、悟的層次性：已頓悟、徹悟了的「聖」者，所得仍有層次的不同，佛陀為其後的開悟者所不及，六祖慧能超越了很多開悟的禪宗師，下而有大悟、小悟，一知半解之悟等的分別。

由以上所述，頓悟所得，仍有各種的等級、範疇，縱然「一超直至如來地」，也不能真正地、全然地通天徹地。

禪宗是源出佛教的教派，其後如蛹的蛻變成蝶，與佛教各派劃清界限而獨立，自稱「宗門」，稱其他各派為「教下」，全體的禪人，無一不以求開悟為目的，「直指人心，見性成佛」是基本、全體的信念，在累積了經驗，得到了許多開悟的方法和智慧之後，更大異於佛教，卻不攻擊和排斥佛教，以開悟成佛的基本觀念作為觀照，可得出下述的特點：

一、自力求悟，不信從他力。不似佛教的重佛、法、僧三寶。

二、在求本來具足的佛性，時至自悟，無一定的悟道方法，故不重視佛教戒、定、慧的定法，開出了「逢緣悟達」的活法，故可見桃悟道，被棒被喝、聞雷聞青蛙入水，曬太陽、嗅廁臭等而得開悟。

三、由達摩主張的「理入」的解悟、和「行入」的證悟，也只是方法之一，甚至認此二者在「佛心」「佛性」的激發而言，有害無益，或損多於益，於是不重佛書，不重修持，而有「道不用修」、佛教的經論被譏「拭不淨紙」等等的「怪」論。因為不許「智知」——「言語道斷，心行處滅」之故，其實不是背祖棄法。而禪人在無奈之時，也用此二法。

四、禪宗認為自己開悟了，便與佛無異，故不必視佛為偶像，而且多有呵佛罵祖之言，不是不敬，而是在掃除「聖瑞」，以免禪人的「分凡分聖」，起了「分別心」，或貪求心，蔽障了開悟的契機。深入一層，方知系如此以報佛恩。

五、於禪宗師、耆宿以其開悟的經驗，接引學人的開示，不但是經驗談，而且一一從其胸臆中流出，「垂一言半語，不是心機」，不許走上思而知、慮而解的理路上，只許你會，不許你知，要「如愚如魯」，而不是「真愚真魯」，甚至有默然無語，和揚眉瞬目、舉拳撫掌等等的肢體「語言」，只能參明，不能講說，故謂之參話頭、參公案，統稱之為參禪。

關於話頭、公案以至如何參法等等都在下文〈參、禪宗的公案〉中作頗詳細的闡述。就禪人的開悟而言，是因前人、他人之悟，以開己之悟，公案有如法律條文、定讞的案例，起同一的作用，而能如例開悟；就禪宗師耆宿而言，乃以之指示和給與學人的參究「題目」，且以勘驗所得的正偏得失；乃至已開悟者的互逞機鋒，辨別禪悟境界的顯示。故公案是禪人求道和悟道的智慧結晶和蘊藏的寶庫。而又簡單之至，全無數百字以上的長篇，極短的只有「隻」字、片語，做到了「快人一語，快馬一鞭」，又無重複雷同，現在如加以體會參求，仍會放光發亮。但又極為難知，因其「情餘言外」，而又奧義深藏，不許道破，亦不許如經疏的註解，而且宗師的開示，學人的問話，無彼此的往復討論，故其難亦如「蚊子上鐵牛」。能使胡適之以歷史的考據法，理性的邏輯法求之，其結果是鮮有所得而成為門外漢❷，例如：

藥山久不陞座，院主白云：大眾久思示誨，請和尚為眾說法。

❷見鈴木大拙的〈敬答胡適博士〉書，他對胡適之以歷史考證的方法研究中國禪的結果，其第一印象是「儘管他對歷史知道得很多，但他對歷史背後的行為者卻一無所知」。意即只能知中國禪宗的歷史，全然不知「行為者」的禪師。鈴木大拙對胡適之的第二印象——胡適是根本不知禪為何物的另一類。鈴木把人的心智粗分為二類，第一類能夠瞭解禪，另一類則根本不知禪為何物。進而批評道：「在我看來，代表第二類心智的胡適，對於禪的本身尚且沒有討論的資格，更不必說去討論它的諸般歷史背景了。」此非苛論，在此一領域中胡先生實係門外漢。臺北正中書局出版的《胡適禪學案》中，刊出了他給鈴木大拙所論及的論文，而且該書也不宜稱之為「胡適禪學案」，學案與公案大有不同，不宜混論，此非胡先生的錯失。如讀遍了全書，定知他於禪無所得，「門外漢」的帽子，是戴得上的。

山令打鍾，眾方集，山陞座，良久，便下座，歸方丈。主隨後問：和尚適來許為眾說法，云何不垂一言？山云：經有經師，論有論師，爭怪得老僧！（《從容錄》第七則。解見下文〈陸、五、㈤、肢體呈機類〉第九則）

這則公案，如何能以思想方法，語意語法求解？故而近代佛教某耆宿以《中國禪宗史》在日本獲得文學博士，其析論五宗二派時而不及公案，筆者不敢斷言其不明公案，也許是不屑，最大的可能似可套用上述公案的話：「禪有禪師，法有法師，爭怪得老僧！」

筆者不敏，以禪學的「知解」，於相傳一千七百則公案中，拈出百則（拈出的十類公案實一〇一則，有有餘和不足者在），分為十大類，註明出處，簡介公案拈出的禪宗師，參求公案的內涵，明其慧識的「向上一路」之後，轉而以其智慧的光輝照燭「向下一路」的世俗事理，期產生破暗啟明的作用，於人生的困惑苦難，解粘去縛而得大自在。公案是禪宗師耆宿的智慧寶藏，更是中國人和文化胎育下的智慧凝聚，以之為天下人作陰涼，出智慧，是執筆時的最大的心願。

學生書局在出版市場衰竭之際，欣然梓行，極感其護持的用心，特此致謝。

民國九十四年八月　衡山　杜松柏　序

智慧的禪公案

目次

壹、禪宗的特性

禪宗是佛教的一宗派，也是世界宗教中的特殊教派，簡單地說，它是憑藉個人的自力，發揮本具的潛能，以求開悟，「悟解心開」之後，立地成佛，成為與佛陀無差異的大覺者，得到無欠無缺的大智慧。在基本的區隔上，悟與迷是相對立的，迷如迷夢，悟則脫出迷夢，得見真實；經由悟而得到的大智慧，正如照透黑暗的燈光，又如破除迷霧的烈日，消除了所有的遮蔽，一切真實和本來，如實地呈現；同係一人，迷的前一刻是凡夫，悟後的一刻則是聖者、是佛；迷與悟之間，又無明顯界限，而界限卻又如「鐵圍山」，無數的人終生限隔在這無有形跡的鐵圍山中，不能超越脫出，一生一世都是凡夫，如莊子所說的：「大愚者終身不靈。」佛教的許多宗派，都以求開悟為目的，惟有方法和修行的方式不同，基本上遵守佛陀的教法，以戒、定、慧的修持之道，而形成修行之法，此道此法，保存於三藏的經、論、律中，並由僧侶加以護持、傳授，而又各有發展，形成了同中有異的各大宗派，大致分悟為解悟和證悟：解悟與解知佛教、佛陀宣示之理；證悟為依其修行之法，而體達其理。隨著各宗派的不同，而開悟所得各異，例如以地獄、餓鬼、畜生、修羅、人間、天上為六凡界，聲聞、緣覺、菩薩、佛為四聖界；六凡界固然是眾生迷失所致，而四聖界則係開悟之後所獲得，可是又有種種的差別，要到達圓滿之佛界，不惟階級重重，更是困難無數，而且因果相連，縱然證悟而得阿羅漢果，亦非究竟，仍未達最後的境界。又以修行的基本持戒而言：最基本的五戒——不殺生戒、不偷盜戒、不邪行戒、不妄言戒、不飲酒戒，已是苦行而難於遵守的了，可是比丘戒竟有二百五十條之多，連戒律的名目也不易記住，付之於生活行為上的遵守，更是困難了。雖然這些內容與印度的民族性和文化有密切的關係，不是憑空而有，更是隨佛教的教派發展而增成，但是與中華民族的民族性和文化，實有扞格不相容者在，所以禪宗在開宗和發達之後，便多有與之違異而大有不同。

以開悟的目的而言，禪宗是開悟成佛，正如眾所周知的該宗的四句偈語所云：

教外別傳，不立文字。直指人心，見性成佛。

「見性成佛」乃指開悟之後的「明心見性」而成為佛教最高境界和果位的佛。佛乃佛陀梵文之漢語音譯的簡稱，基本的意思是覺者、智者；其後成為釋迦牟尼的專稱、尊稱，意謂只有他領悟的智慧，才能當此稱號，佛陀也是諸佛和已證悟成佛者的總稱。禪宗的成佛是偏於覺者、智者，而不重佛的果位，因為由原始佛教至傳到中國的大乘佛教的各教派，大都崇拜釋迦牟尼；認為佛陀只有他才能當之，而不敢僭越，僭越了便是大不敬；禪宗有呵佛罵祖的習氣，「聖諦亦不為」的「不落階級」，即不分凡分聖，而把佛認為是最高的果位，不是落在階級上了嗎？而且開悟之後，所得的是與釋迦牟尼同樣圓滿的智慧，也不必以佛為最高果位了。簡而言之，禪宗的開悟成佛，是得到如釋迦牟尼佛一樣的大智慧，其形象化的形容詞為「大圓鏡智」，在人與道合這一宗教層次上，是無欠無餘，如大圓鏡的圓滿，但不是世俗的，也不包括知識的層面，因為世俗的事物，是由感官的經驗所累積而獲得，知識是由理性配合經驗而產生，不然釋迦牟尼時決不會產生「破法輪僧」的事件了——即佛陀的弟子提婆達多，他以其主張的「苦行五法」，取代佛陀的教法，而且公然爭佛陀的領導地位，而展開了鬥爭；雖然失敗，但釋迦牟尼佛顯然無世俗事物的知人之明，才無以防止這一事件的發生。又佛陀所悟的大智慧，如果涉及、包涵了所有知識的層面，則科學事物的發明，也應屬於佛陀而發明飛機、原子彈等了。禪宗的頓悟成佛，其基本的意義，是突破佛教各教派的禁忌，也不認為是最高的果位，也不承認能分階級、果位，充其量只是「聖人的境界」，佛法中的「聖境」；開悟成佛的基本，是人人本具的「佛心」「佛性」，人人本具，個個現成，自然人人可以「明心」「見性」而成佛了。依印度原始佛教的成立之時，有所謂四種姓：㈠剎帝利——為掌權的統治階層。㈡婆羅門——掌宗教權的僧侶祭司。㈢吠舍——農工商的層級。㈣戌陀羅——平民和奴隸。佛教雖堅持眾生平等，人人不因四種姓而有差別，皆可加入佛教的僧團，但決無人人可以成佛的主張，連佛陀的開悟弟子所謂的「聲聞乘」，最高的也只能證得阿羅漢果位，姑不論阿羅漢果與佛果的差別何在？但不許人人可以成佛則可顯見。而中國自孟子以來的「人皆可以為堯舜」的成聖思想，則為共許共主的主張，受此影響，故而人人皆可以成佛，為禪宗居之不疑的開悟境界了。這是禪宗的最特別的宗教特性，更是禪宗自稱宗門，而稱佛教各派為「教下」的根本原因。個人認為教外別傳的特別意義，也與之密切相關，不止是佛教以外的秘密傳授而已，更深受中華文化思想的影響，才能立人人可以成佛的宗旨。

解悟是解知佛陀宣示的教理，如原始佛教的四諦、八正道、十二因緣等，及以後的大乘經典和論、疏，雖然有研究的價值，但很多玄奧難解，如唯識論；有的卷部繁浩，一部論有達一億多字的；求解悟已非常困難，縱然解悟了，也是言語議論所能瞭解的知識層面，如我們的讀哲學家的著作，而不是自己的開悟，所得的不是無上的智慧。禪宗不太看重這些，所以說：「依經解義，三世佛冤。」但也不許悖離經義，故而又說：「離經一字，便同魔說。」似乎兩相矛盾，其實不然：首先開悟的要有形而上的理念引導，是需要佛陀基本的教法作為導向或意念，以知有向上事；禪宗很多的宗師，也精研經典，最少也先期依楞伽經和後期依金剛經；何況能由經義、教理而悟解以得大智慧，又有何不可？只是禪宗大多數宗師認為依經解義，會成為一種理障或「陷溺」，往往影響開悟，所以說「思而知，慮而解，鬼窟裏作活計。」一位未開悟的祖師在看經，已開悟的弟子作偈語開導道：

蠅愛光明紙上鑽，不能透過幾多難。忽然撞著來時路，始信平生被眼迷。

意謂看經求義，反而迷失了自己的開悟，障蔽了「道眼」；臨濟創派的臨濟大師便說：「經是拭不淨的紙。」即係此意，因為只從經義上求悟，而忘記了向自己求，乃捨本而逐末，反而「可憐無補費精神。」此亦是禪宗「不立文字」之意。

證悟乃由佛陀宣示和決定的修行方法而得開悟，這當然是具體的、經驗的，甚至是佛教世代傳承的共法，其基本的法門便是戒、定、慧，也是佛書經、論、律的主要內容，由此入門、修持而至開悟，是為證悟。其實際的意義是依照這一修持的共法，乃修行者以自己的用功、實踐，會形成突破，而且加上佛陀的福庇，僧師的加持，即自力結合了他力，得到開悟。禪宗在基本上不廢此法，也在某種程度上接受了此法，所以也多受戒、打坐。共認是基本法，但不以為是究竟法，因為上述的修持工夫，是有為有作，其效用是有限的，悟不悟的究竟不在此，臨濟大師見門徒打坐修定，便由蒲團上用拄杖打起並指斥道：「打什麼瞌睡？」縱然在用功，不是打瞌睡，也會有東想西想，意念紛馳；或一念不起，心如枯木死灰的二種情況，都在反對之列，故云：「滔滔不持戒，兀兀不坐禪。」又臨濟道：「道不用修，但莫污染。」就悟道之後而言，悟道是悟的結果，「本來現成事，何必待商量。」修持與開悟沒有必然的關係，修道的人如恆河沙數，悟道的卻如鳳毛麟角，一部《景德傳燈錄》的開悟禪人，雖非屈指可數，但甚為有限。再就臨濟本人的開悟經過而言，與修行似無多大關係，《景德傳燈錄》卷十二的記載如下：

……初在黃蘗，隨眾參待，時堂中第一座勉令問話，師（臨濟義玄）乃問：「如何是西來的的意？」黃蘗便打，如是三問三遭打。遂告辭第一座云：「早承激勸問話，唯蒙和尚賜棒，所恨愚魯，且往諸方行腳去。」上座遂告黃蘗云：「義玄雖是後生，卻甚奇特，來辭時，願和尚垂提誘。」來日，師辭黃蘗，黃蘗指往大愚。遂參大愚，愚問曰：「什麼處來？」曰：「黃蘗來！」曰：「黃蘗有何言教？」曰：「義玄親問西來的的意，蒙和尚便打，如是三問三被打，不知過在什麼處？」愚曰：「黃蘗恁麼老婆，為汝得徹困，猶覓過在！」師於是大悟，云：「佛法無多子。」愚乃搊師衣領云：「適來道我不會，而今又道無多子，是多少來？是多少來？」師向愚肋下打一拳，愚托開云：「汝師黃蘗，非干我事。」師卻返黃蘗，黃蘗問云：「汝回太速生！」師云：「只為老婆心切。」黃蘗云：「遮大愚！老漢待見，與打一頓。」師云：「說什麼待見，即今便打。」遂鼓黃蘗一掌。黃蘗哈哈大笑。

這是臨濟的開悟經過，真見不到修持的工夫何在？又與開悟有何關涉？黃蘗問「西來的的意。」乃問達摩西來中土，明確的意義何在？並非問高深的佛家奧義；黃蘗於這一明白簡單的問題，不予言語解釋，反而三問竟三次棒打；臨濟不解何以被打？只尋覓自己提此問的過失何在，失望之餘，辭別去作參訪的行腳僧，往參大愚時，大愚指點黃蘗的三次棒打，乃是如此的老婆心——大慈大悲，為的是要令臨濟的得「徹困」——徹底的開悟，還覓什麼過失？臨濟竟然在如此情況下大悟了，竟然說「佛法無多子」！佛的法要沒有什麼、並沒有多少；昔迷今悟的巨大差別遂顯示出來，向大愚肋下打一拳，表示所悟得的不可落於言說之意；鼓黃蘗一掌，是泯除了大愚黃蘗二人的差別，且寓有佩服感激。黃蘗被鼓一掌，不以為是冒犯，哈哈大笑，乃已知其開悟而高興。這種開悟的情況，是解悟還是證悟？似乎都扯不上關係，在佛教中卻分立了這一類，名之為「緣覺乘」或「獨覺乘」，《顯揚論》卷三云：「獨覺乘，謂住獨覺法性，為令自身寂滅故，不由師教，發正願己，修行方便。」簡單地說是無師自通。臨濟不合乎這一情況，既然可以無師自通，有了師資的激揚，豈不更為容易？很顯然的是禪宗的開悟，大多像臨濟一樣，不能說沒有「解悟」、「證悟」的基礎或努力，但開悟的關鍵都不在二者之間，正如足球比賽的臨門一腳，自然神妙，令對方無法防守，守門員難以接住。為「直指人心」，作了最好的展示，與佛教修行的共法，大異其趣，顯出了禪宗求悟的特別方式，臨濟除了因自己此一開悟經驗，而主張「道不用修」之外，更以用棒用喝接引禪人，使其開悟及驗其悟境，禪宗師的語錄常見「放子二十棒」、「吃棒有份」、「道得也打、道不得也打。」甚至將用棒分成八大類，僅有一類近於「朴作教刑」，是責打癡頑，其他各類都是接引學人和勘驗悟境之用，一般的門徒，還不具備吃棒的資格，宗師不屑於棒打，棒打也不起作用，不是奇異而特別嗎？佛教的其他宗派，決無此法。

禪宗自六祖慧能已全然超越了佛教的方法求悟，暨其後的五宗二派繼承和發揚了這種不主一定方法以求悟的「活法」，例如見桃樹開花、聞衙役喝道，曬太陽、見青蛙入水、聞雷、嗅如廁臭味等等，能形成開悟，與臨濟因遭棒打而導致開悟，實異曲同工，所以一位禪宗老宿說：「我宗無言句，實無一法以與人。」正有以上事例為依據，無言句不但是「不立文字」的說明，也是「悟解」的間接否定，不必讀佛書而求理；「無一法以與人」，也是無一定的方法使人依照修行之意，自然有「道不用修」，而不主證悟了。禪宗的主張無定法或活法以求悟，其簡單而明白的道理是：禪人具有悟道的意念作為引導，有成道的潛能——佛心、佛性的本具；於是「箇事掛心頭」而氣機具於內，只待外緣——外在機緣事物的引發，如春暖花開，水到渠成，自然而然地開悟了。這種無定法、或活法，正如藝術創作時突然而來的靈感。為仰宗的溈山靈祐稱之為「從緣悟達」——外在機緣引發了開悟，而達於道。其背景是其弟子靈雲志勤見桃樹開花而悟道，並作了下面的偈語：

三十年來尋劍客，幾回落葉又抽枝。自從一見桃花後，直到如今更不疑。

這是禪宗著名的見桃悟道的證例，而且經過了溈山靈祐大師的勘驗，與他所悟得的相符契，而加印可道：「從緣悟達永無退失，善自護持。」以勉勵志勤。筆者曾以專文探討道：

> 由見桃悟道的可能性而言，桃花的開落，是現象界的「有」和本體界的「空」的顯示，「空」「有」一如，由「空」而「有」，由「有」而「空」，不斷地交替、或一體地進行，故靈雲能見「色」明「心」——由現象的「有」，證悟本體界的「空」；但是這一現象，不限於桃，任何花卉均有此可能。而且在靈雲的看桃花的三十年過程之中，年年均有可能，何必待三十年之後呢？當然這是一種偶然性和突發性，一方面是「時至自悟」，一方面是「可遇而不可求」，這是從緣悟達的外層意義；就靈雲的開悟過程而言，是經過三十年的尋求過程，氣機具於內，是為開悟的主因，見桃花而悟道，桃花只是引發的外緣，這與阿基米德在洗澡時發現了水的浮力定理，其原因相同，洞山良价的因過水睹影而開悟，正係「從緣悟達」一類的例證。（見筆者《知止齋禪

學論文集·禪宗的從緣悟達》）

禪宗的無定法、或活法求悟，實以這一類為主，臨濟和諸多禪人的行腳參訪，也是希求這種機緣，其方法超過了佛教「理解」、「證悟」，而且大有成效。大約北宋以後，這類「從緣悟達」的活法消沈，參公案代之而起，才叫參禪，是禪宗的又一大變革，乃另一種求悟方法的興起。簡而言之，是由活法回到了定法，而又以打坐的坐禪為基本，實際上加入了新的方法，更是中華民族性喜簡易的民族性和智慧所形成，以韓國和日本為例證，在佛禪傳入之後，大致只有接受和繼承，並無重大創派創新之處。在以後禪宗的典籍中，禪公案占了重要的部分和地位，而且在文學上產生了以參禪之法參詩，和以求悟論詩，理學家以學案講學立派，小說中的彭公案、施公案，沿襲其名，可見其影響之大。然而可悲歎的，禪公案受到了許多不應有的貶抑，又幾成難解的絕學，使這種求悟的方法和已有的慧識，闇而不彰。筆者不敏，有志於禪公案智慧的探求和深層面的研究，使其再度受重視，而煥發出智慧的光彩，而有傳燈的作用。由「向上一路」的開悟之餘，並能轉將已形成的「智慧之光」，向「向下一路」的事物和世俗之人，產生「照亮」、破迷的引領作用。

為期公案與禪宗的宗師耆宿的關係能見其大略，附六祖慧能以下的法系圖如下，並請參閱本書〈陸、禪公案選釋〉註❹。

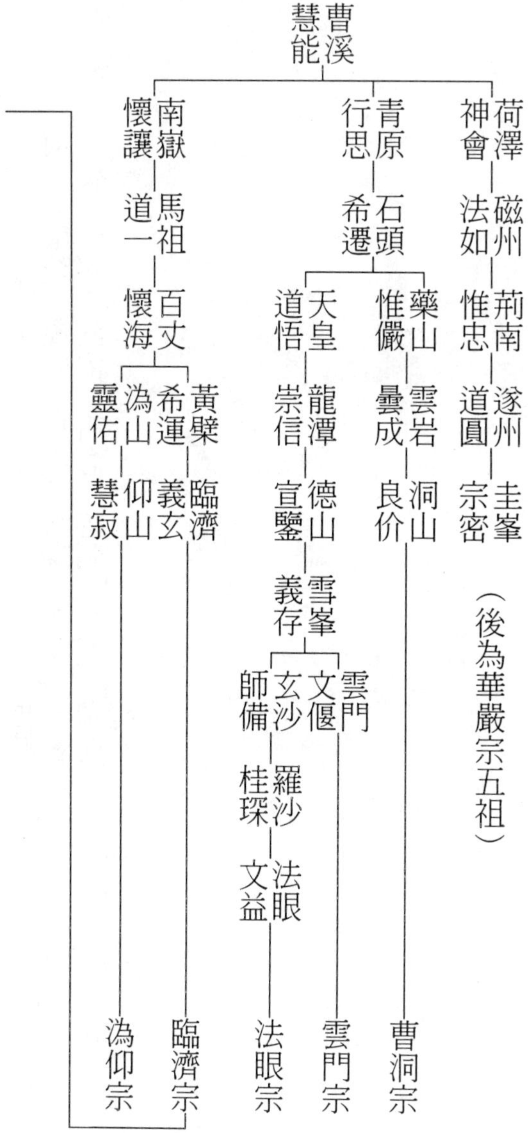

興化存獎—南院慧顒—風穴延沼—首山省念—汾陽善昭—慈明楚圓

- 楊岐方會——楊岐派
- 黃龍慧南——黃龍派

貳、佛性的闡明

現今由於學術的進步，研究方法的日益嚴密，宇宙的神奇、宗教的奧秘，已大幅度在解構、解密之中。雖然哲學、宗教、科學等的領域不同，但我們已一致確認：「沒有無因之學」，有現象、有事物，必有其產生的因，有結果必有過程等。故於禪宗的有開悟方法，認定必有開悟的主因。禪宗秉承於佛教的「佛性」、「佛心」，是開悟的根本。有了這種內因，開悟的外緣和方法才能產生神奇的開悟作用。六祖慧能闡明開悟與此「心」「性」的重要云：

若開悟頓教，不執外修，但於自心常起正見，煩惱塵勞，常不能染，即是見性。（《壇經・般若品》）

故知萬法盡在自心，何不從自心中，頓見真知真性……這一說法，是禪人共同的認定，所謂「自心」、「自性」、「本性」，都指的是「佛心」、「佛性」，我們由名詞求其意義時，常陷於「名同而實異」的錯誤中，尤其佛教經典經由翻譯，依用了漢語中的名詞，誤惑尤大尤多。「心」「性」在字義上雖然有造字時的本義，用字時的引伸義、比擬義、假借義等而有諸多的不同涵義，也有同於佛教心性字義、詞義的意義，例如性有天賦之性、善惡之性、男女愛欲之性，二國文字的字義相同，但我們字中的心性卻無形而上的本體之意，《瑜伽師地論》卷九十九云：

云何性？謂諸法體相、若自相、若共相、若假立相、若因相、若果相等。

這一性的意義，包括事物的「體」——「本體」和「相」——現象。顯然為我國性的字義、詞義所無。同理「佛性」「佛心」的心性意義，也與我們所習知的大有差別，而又不是孟子和宋明理學家所用所指的意思，然而我們卻認為意義相近或相同，雖學者專家亦所不免。縱使禪宗宗師有了明確的界定和解釋，常因此混同誤會而不細加分辨。例如六祖慧能論自性云：

何期自性，本自清淨；何期自性，本不生滅；何期自性，本自具足；何期自性，本無動搖；何期自性，能生萬法。（《壇經·懺悟品》）

這是六祖開悟後對自性以偈句作頌讚，其本體的意義與瑜伽師地論無大的歧異，「本不生滅」是此自性的體，「能生萬法」是自性的用。所謂的「佛心」，有時亦簡稱心，是「自性」的同義語，如黃蘗斷際所云：

諸佛與一切眾生，便是一心，更無別法。此心自無來，不曾生，不曾滅，不青不黃，無形無相，不屬有為，不計新舊，非大非小，超過一切限量名言蹤跡，當體便是，動念即差，無有邊際，不可測度，惟此一心是佛。（《景德傳燈錄·傳心法要》卷九）

綜其所言，是闡明了本體的超越的存在，求道之人與此「性」「心」的關係如何？六祖的「何期自性，本自具足」，與黃蘗所云的「諸佛一切眾生，唯是一心，更無別法」。此「性」此「心」，求道人均自具足，而且一切眾生與諸佛相同，是人人佛性本具，而又「當體便是，動念即差」，此「心」「性」的發露，當下便能開悟，如果起了如何是佛？如何得悟？何法可悟等等的念頭，便錯失了，所以在基本上只有內求自悟之可能，不能著相外求，黃蘗明明白白地宣示道：

> 但是眾生著相，外求轉失。使佛捉佛，將心捉心，窮劫盡形，終不能得。不知息念忘慮，佛自現前。（同上）

什麼是「著相」，如分別什麼是佛？什麼是凡？佛是聖位，無一切煩惱縛繫等等；什麼是外求？如求佛陀的祐庇，師尊的傳授或加持等等，都不能得開悟，因為這種種都不能「當體便是」。在不著相、不外求的前提下，「息念忘慮」了，「佛自現前」便自然而然地開悟了，而「當體便是」。這些體認和沒有形式的法則，是貫通在禪宗的求悟過程的種種活法之中，即使參公案和默照禪，上焉者都沒違背這些法則。然而依此以求開悟，誠然如臨濟所云：「佛法無多子」——簡單的很；可是實際上卻如禪人所形容：「蚊子上鐵牛，無下嘴處。」單以不「著相」而言，已難做到，誰不願成佛呢？誰不知道佛法無邊，佛陀是聖者呢？再以「息念忘慮」而論，雜念雜慮的「忘」「息」，也許在禪人不難，如果求悟作佛也或「息」或「忘」，難道不會失去目標的指引嗎？可是禪人的開悟過程又大多相符合，但也有相反的法要，如六祖慧能所開示：「慧能沒伎倆，不斷百思量。」顯然是他開悟後說法，針對臥龍禪師的「臥龍有伎倆，能斷百思量」而道。一位宗派的宗主，要處理事物、說法導眾，是不能息念忘慮的；但所針對的是臥龍的能斷百思量，是在暗示他仍在息念忘慮的求悟階段呢？還是藉此開示其他的禪人，「能斷百思量」不能也不必呢？這些迷思，自有宗教上的神秘性和難解者在，但在知識科技進步的今天，應能澄清和解決應能解決的問題。但必然要從「佛性」「佛心」的正確瞭解入手。

佛性、佛心是能開悟的根本，但自古以來，因心、性字義的混同，以為佛法所指的性、心，即是人性、人心，基本上的認識和錯誤，是不知道其性其心，是形而上的存在，已如上文所引證；此性此心是本體的，為有形世界一切事物的根本，所謂「能為萬物主」；人雖為此性此心所出，但以其有了構成形體的生理系統，隨之而具有種種的生存欲望和需求，適應生存環境時的種種作為和努力，人的性、心，和自其所出的「性」、「心」，自然大有不同，很顯然可見的是人的性和心，已不能為萬物主，甚至受環境的制約，嗜欲的驅使，也不能為自己的行為而全然不受外在的影響而自在自為地作主，故而佛性、佛心是形而上的、本體的；人性、人心是形而下的、物質的；佛教禪宗則視開悟之後，人與道合，人透脫了形體、限隔的人性、人心，無殊於佛性、佛心，而不認為與在未開悟前大有不同，例如黃蘗所云：

此心即是佛，佛即是眾生。眾生即是佛，佛即是心。為眾生時此心不減，為諸佛時，此心不添。(同前)

開悟之後，不見此性此心之減添，是合理的；為眾生時此心不減，則有不然，人的稟賦顯然有個別的差異，所謂「鈍根」和「利器」的不同，故而禪宗有云：「香象所負，非蹇驢所堪。」共認了這一差異的實際，正與現代教育理論的性向常態分配——天才是極少數，中材占多數，而極愚劣也占少數的情況相合。在人有形體的區隔之後，佛性佛心雖然本具，但已是一種潛藏狀態的潛能，而且雜有人心的隔阻和污染，如「著相」、動念、妄想等，故而要有正法的引導，修行的克制，以免於污染，再加時間、時機的外緣引發而開悟，所以沒有人天生是佛，正如沒有人天生是聖人、是發明家。在開悟的前後，潛能的大小也許沒有改變——無增無減，但每一個人因稟賦而有或多或少的不同，潛能的本具又有性向的差異，環境、教育等的影響而不同。佛性、佛心的稟賦，亦係如此。

依佛性、佛心所產生的開悟結果而言，是人人本具，個個現成的「直覺」、「直感」，此一本能不同於理性、感性，不知其何以具有？何以產生？現今名之為特異功能的本能，則更接近事實，但名之為「特異」，便認為與「佛性」、「佛心」無關，因為不是人人所具有，其本能何來？也不明白之故。就佛性、佛心的開悟所得，實是一種宗教本能，佛陀的開悟，是具足了此一本能之故，接受了佛教的信男信女，也多少具有這種本能，否則便不會接受了。甚至與信仰的程度有關。而又同於現今的特異功能，例如開悟之後，「見山不是山，見水不是水。」「人從橋上過，橋流水不流。」「泥牛吼水面，木馬逐風嘶。」這都是禪宗師開悟後所見的，倒反了現實世界的事物，不奇異嗎？而且現今的特異功能所顯示的事實，已有很多人目覩，甚至已由科學儀器所檢驗過，而非幻術和虛假，只是有時失之浮誇，有時不能如以往的特異表現，甚至有時失敗而已。雖然不同於科學和現實事物，有其固定性，但這種潛能是存在的。

這種潛能如佛教所說是超越的存在，是本體的，「有物先天地，無形本寂寥。」又人人具有，個個現成，何以我們又不能認識自己的本來的面目？佛禪的宗師當然有了開示、解釋，何以我仍然不能明白，以致不能認識呢？自然深有原因：首先它不是我們時時在用，有器官可見，有功能可驗的感官和因感官而起的感覺作用和功能，如眼能見物體的形狀、色彩等；耳能聞聲音的洪細、大小等；鼻能聞香臭；舌能辨味道；四肢和皮膚能有觸覺；因這感官的感覺本能，我們才能在各種環境事物中起辨別和認識作用，一方面能生活生存，一方面配合神經「心識」等而起的作用，形成經驗及知識，上升而有藝術的開創。「佛性」、「佛心」的潛能，與此截然不同，故於開悟時說：「非耳目之所到」，於此情況，我們容易瞭解，因為感覺官能的功能所能到的，限於形而下的器用世界；而開悟時的超越存在的形而上的道，「法界」，自然非耳目之所到了，那是「佛性」、「佛心」潛能發揮方能到達的，因為這二者的區別甚為明顯，故而闡說不必太多。最麻煩、最混擾的是「佛性」、「佛心」和我們現在所確知——由神經系統而產生的理性本能，所產生的思維和邏輯推理、判斷等作用，產生思想，形成行為決定，上升而為哲理、科學等，佛法名之為心識，我國名之為思，簡名為心，所謂「心之官則思」，因為同用一心字，而將此二種不同的本能混合了、誤解了，求悟的禪人顯然知道了這二者之間的別異，所以才說「思而知，慮而解，鬼窟裏作活計。」「言語道斷，心行處滅。」「不許智知」，無異說明了因理性本能而產生的「心之官則思」的心識，不但不能悟，而且有時是一重大的阻礙，如此而知而解，用力到了成為鬼窟裏的鬼仍然不成，原因何在？言語是表達思維的，從言語上求悟，則道路斷絕；心的思慮所到則開悟的可能就滅失了，因為這二種本能全然不同而又相互衝突，這幾乎是開悟禪宗師的共見。佛教也知道這種差異，所以立了「心識」，作為綜合感覺官能的各種感覺效應而又起「俱意」作用，如今的綜合神經的功效，譬如眼睛看到桃花時，感覺到桃花的紅豔，不但起了這種辨識，而且中樞神經系的功能也注意而集中到此時看見的桃花上，有了這一「俱意」作用，才能完成見桃花的辨識結果，否則便會「視而不見」了。也立了如「心之官則思」的「思量識」，唯識宗說是第七識，名之為末那識——即思惟的理性本能，是產生我見我執的根本，因而與開悟時的潛能相衝突者在此，因為感官所見，形成了辨識的結果，而又成為一己的主觀，便遮阻了開悟的潛能，如見桃花而執著為實有的、美麗的，還能穿透其為幻覺而見其不真實嗎？所以才說「思而知，慮而解，鬼窟裏作活計」了。自世俗的觀念而言，這一識是眾生的主宰，思慮言行的決定功能，所以《成唯識論》卷四云：「是識聖教名末那，恆審思量，勝餘識故。」此外又立了與「佛性」、「佛心」的開悟潛能相同或相近的阿賴耶識，又稱種子識。此識有諸多的名稱，諸多的功能，因而產生諸多的爭議，見於唯識學的種種論著，主要的是建立了「外境非有，內識非無」的唯識中道，此識不落於「空」「有」一邊，成為每一眾生流轉三界生死的主體。一方面招致無明、業果，一方面也藏有轉識成智的種子——即開悟的潛能。如《成唯識論》卷二所云：

心性本淨，客塵煩惱所染汙故，名為雜染。離煩惱時，轉成無漏，故無漏法，非無因生。

阿賴耶識之稱為種子識，因為眾生迷界的「有漏法種子」，悟界的「無漏法種子」都攝藏在此識之中，「種子」是一種潛存狀態，為生起的主因，不過有諸多「外緣」——外在條件的激發和助成。所以阿賴耶識，既是客塵煩惱的種子，招感了雜染；也是悟道時的種子，能開悟而脫離煩惱，轉成清淨的「無漏」而能開悟。簡單地說唯識宗的阿賴耶識，相當於我國理學家的「人心」、「道心」之分，但欠缺了如唯識宗深入、細密、有系統、甚至流於繁瑣的探論。

由上面的綜合分析，明白了禪宗的「佛性」、「佛心」指的是感官的辨識本能和理性的思維判斷本能之外的開悟本能，也可名之為「宗教本能」，或「直感本能」——即不經感覺辨識，不由思維判斷而能直接感生的潛能。此一潛能，黃蘗希運稱之為「無心之心」：

此心即無心之心，離一切相，眾生諸佛更無差殊，但能無心，便是究竟。學道人若不直下無心，累劫修行，終不成道。(《景德傳燈錄·傳心法要》卷九)

無心之心，簡曰「無心」，禪人「常用無心合道」、「無心用功」。首先我們產生了疑問：「無心之心，是什麼心？」其次誤解為不思慮、不用心思的「心」；又次解為不存我見，我執，如莊子所說的「今日吾喪我」的「無我之心」；實混同了我們習慣使用的「心」字和佛心的「心」字的意義而有諸多的誤會和誤解，其實黃檗已對其所說的無心之「心」加了解釋——「離一切相」。試問辨識之心，思慮之心，能「離一切相」嗎？顯然指的不是這樣的心，而是「佛心」，黃檗並對無心之心，下了明確的說明：

無心者，無一切心也。如如之體，內外如木石，不動不轉。內外如虛空，不塞不礙。無能無所，無方所，無相貌，無得失，趣者不敢入此法，恐落空、無棲泊處，故望涯而退。(同上)

首先明明白白說明了「無心」，是無一切我們所謂的心——辨識心、思慮心等；這無心之心，「內外如木石」，是說明了無感知感覺的狀態；「不動不轉」，是不思慮活動的形容；而「無能所，無方所、無相貌、無得失」，更說明不是感覺識和不思慮識知的心，因為感覺辨識一定有方所、有相貌，而思慮則一定有得失、有轉動，無心之「心」指此。六祖慧能的弟子神會的答問則更為直接而又明白肯定：

> 心有是非不？答：無。心有來去不？答：無。心有青黃赤不？答：無。心有住處不？答：心無住處。和上言：心無住處，知心住不？答：知。知不知？答：知。（見荷澤《神會禪師語錄》敦煌卷子）

可以顯見的是問話者所問的心，是辨識、思慮之心，才有青色黃色赤色的色彩辨識，才有是非的判斷，都被神會否定了，可見他所說的心，是不同於世俗所認知的心，而是佛性、佛心的心；問話者仍有懷疑，追問神會所說的「心」，「心有住處？」似係當時的口語，意義不是很清楚，大概是此「心」在那裏？辨識心、思維心古人不知道是由交感神經和中樞神經所起的作用，但都認為是現在輸送血脈的心室，神會否認，但對這一無住的心，卻知道有住處——知其存在，而且知有其住處。因為這「佛心」只是一種開悟的潛能，既無住所——存在於某一器官，亦無辨識思維的作用，故云「無念」，神會又云：

> 心無青黃赤白黑，亦無出入去來，遠近前後，亦無作意，亦無不作意，名為相應也。……見無念，堅如金剛，毫微不動，縱使恆沙佛來，亦無一念喜心；縱見恆沙眾生一時俱滅，亦不起一念悲心者，此是大丈夫，得空平等心。若有坐者、凝心入定，住心看淨，起心外照，攝心內澄者，此是障菩提，未與菩提相應，何由可得解脫？（同上）

前一段所說的「得空平等」心，正是佛性、佛心之心，後段所指打坐用功的「凝心入定」和住心、起心、攝心等，乃是指摘神秀主張的調治思維的修行用心，不是「佛心」的引發，故而攻擊神秀，認為「此是障菩提」，不能開悟，而「未與菩提相應」。對照之下，佛性、佛心與思惟念慮的人心，顯然是完全不同的二類。佛性、佛心即是一種潛能，所以唯識宗的種子說，是形容其有潛藏的發生本能，要外力的引發，但此一潛能，也有自發的能力，黃蘗比之靈光自耀：「此本源清淨心，常自圓明遍照。」通常的修持方，無論念經念佛，打坐習靜的證悟和解悟，黃蘗認為：「世人不悟，只認見聞覺知為心，為見聞覺知所覆。」解悟正是見聞覺知，不但無益，反而覆蓋此一本能的自發自照；而又「無一法可得，無一法可修。」故修行用功的證悟，放在此「心」上，亦無成效可言了。所以禪宗的「道不用修」，佛法無用功處，均指此「心」而言，北宗神秀的「凝心入定，住心看淨，起心外照，攝心內澄」，既誤解了此心是思慮見聞之心，又以修行等等的工夫而求佛心的開悟，在方法上也錯了。此一潛能，禪宗除佛性、佛心的名稱外，有諸多的名稱，如一心、無心人、無心之心、清淨心、本心，甚至菩提心、道心，無一念心、平常心，而又形象化比稱為無位真人等等均係指此潛能。一切的活法求悟，無不在引發、或激發此一潛能；甚至以後的「默照禪」，參公案的看話禪，其初始亦復如此，可認為在無奈和無方法的情況下而又不能不有方法，所以要用棒、用喝了；既然棒、喝都用了，見聞知覺的解悟、用功修行的證悟等法，自然可用了，一方面都是方法之一，一方面也有開悟的前例，佛陀弟子的聲聞乘，不是解悟嗎？似矛盾而又不成其為矛盾，因為此一潛能的引發或激發，雖根本上不在思慮修持上，但思慮修持，也是方法，如能開悟，有何不可？禪宗的諸多求悟之法，其精神在此。能開悟的方法，都是活法，都是可用之法。黃蘗云：

> 然本心不屬見聞覺知，亦不離見聞覺知，但莫於見聞覺知上起見解，莫於見聞覺知上動念，亦莫離見聞覺知覓心，亦莫捨見聞覺知取法，不即不離，不住不著，橫縱自在，無非道場。（《傳心法要》）

所說是矛盾而不可解，但知道了「佛心」這一潛能，不是見聞覺知這一本能之後，不再誤以為見聞覺知的心或本能，即是「佛心」這一潛能，而在見聞覺知上求佛性、佛心的潛能的引發或激發，便不致錯誤，這種潛能不是與見聞覺知完全沒有關係，以現代的知識而言，理性的潛能與感覺的潛能不同，卻不但關連而又互補互成，例如天盲之人，無形色等的認知，當然關係到概念的形成和認識辨別，但是可借助理性的能力加以補助，故而天盲之人，能上大學，於形色亦能有所瞭解，筆者一位天盲的學生，能修以象形為基礎的中國文字學，又如盲人能借助聽覺、感覺而能索途行走，可為證明。

佛禪所謂「佛性」、「佛心」是一種潛能，是無問題的，不然不但不能開悟而成立佛教，連帶地一切「特異功能」也失其主因而不可能了。此一功能佛教已確知不同於見聞覺知等，而特別立名為「佛性」、「佛心」，實不得已，因為不能明白舉證解說，而如六識則有六識不同器官、不同物件、不同功能，而產生不同的認識結果可顯示，所謂「六根」對「六塵」，而有色、聲、香、味、觸、意效果的產生，相互比較之下，見聞覺知的由眼耳等的器官，面對形色、聲音等的外界，產生了色、聲等的見聞覺知的結果，明白而確實，唯識宗的「百法」，所知所析論與今時科學進步後的驗證結果，不但無差誤，而且有更精闢見理之處。而「佛性」、「佛心」則不然，僅由開悟後的佛而知其有；由何器官產生？如何產生？亦甚茫然，故而不得歸於形而上的本體，所以闡說「佛性」、「佛心」，與哲學上的本體論，幾無差別；於開悟方法，知其與見聞覺知的「心」不同，也認為與行為做作有別，故主張不由這二方面的思惟、作為上求悟；主「道不用修」、「無心合道」，惟一的原則，「但莫污染」，而認為形而下的思惟、作為是污染，阻礙了「佛性」、「佛心」的顯露；因而主在無思無慮、無作無為的原則下，以待外在的機緣的引發、激起，形成了各種開悟的機緣和方法，是為無定法或活法，即「逢緣悟達」，如見桃悟道，渡水覩影而開悟等。把握了這些，才知禪宗「佛性」的究竟，和其活法、無定法求悟的無奈。所以佛教各派對禪宗的用棒用喝，因不明白這些，認為是盲打亂喝的胡鬧。而不知其是在引發、激起開悟成佛的佛性，其故在此。

「佛性」、「佛心」，是一種潛能，個人認定是現在科學家發現的遺傳基因，它為所有的生物所共同具有，大約三萬六千個，「佛性」、「佛心」的偏周沙界的主張，相合而沒有錯誤；有情眾生，有百分之九十九點九的相同，與「佛性」「人人本具，個個現成」的看法得到了確認；但是仍有千分之一、萬分之一的不同，因此極微少的差異，而每一個體的此一潛能又有多寡的不同，形成所謂「鈍根」、「利器」的差異，此一潛能不足的，便無開悟的可能了；基因不是與見聞覺知的感覺本能和理性本能相同而是另一類，而與「佛性」、「佛心」所闡說的並無差別，此一潛能的發揮更與見聞覺知無關，尤其一千年前禪宗就有此堅定而明白的闡明，已非常偉大，只是不知有基因的存在，無法說明而已。因基因的特別而使同屬植物、動物而所顯示的不同，如現今所謂的特異功能，已可舉證釋說：例如含羞草是植物，而無神經組織，但接觸之時，卻如有感覺而收縮；樹木中之有軟木、剛木，其原因亦同，大陸現在所培育出的轉基因樹種，具有以前的樹所沒有的某種毒素，能殺死其天敵——蟲害而迅速成長，更是顯證；以動物而言，公雞能定時報曉啼午，而母雞雖能鳴叫卻不能，顯然是同有了此種基因而又有強弱不同之故。抗日戰爭在衡陽市爆發引起大火前三天，老鼠由衡陽城的西岸渡過湘江逃到東岸，大老鼠居前，所有老鼠首尾相銜，成縱列而渡，震驚了大眾，大火之後方詫異於老鼠如何能前知？又如何彼此通知？何以能聚結成隊而一體渡江？一種牛能用奔走的蹄而呼吸，這些均應是某種基因所產的作用，同理有某種特殊基因的，故得以具有其他人不具有的功能，而被稱為特異功能。「佛性」、「佛心」應是某種基因而具有的功能，是開悟的主因，開悟後之所見，是與感官所見，思想所及，全然不同，所以「見山不是山，見水不是水」。正如電腦盲突然上了網路，從未見過坐過飛機的人，突然進入了飛機，不是等於到了完全不同的「世界」嗎？開悟後的「世界」，應係如此。不可說、不可說者，亦係如此。筆者非科技人士，對基因的認識，僅止於知道這一發現和名詞的常識性，及其研究的一些結果，故不能作更為深入的論證。但除了如此，現在不再有其他的科學發現，足以解釋「佛性」、「佛心」這一開悟潛能的存在和效應了。綜而言之，「佛性」、「佛心」是開悟之因，無此因便無開悟的可能，已可確定；就學術研究「疑則傳疑，信則傳信」的立場，認為是一種潛能，甚至是理性、感性本能之外，而為眾多特異功能的根本，大致可以如此論認；「佛性」、「佛心」是古代的，由宗教人士所提出，所論釋；而基因則是現代的，乃科學的發現，舉世正在研究，方興未艾，三萬六千多種基因的功能、性質與解碼，尚有諸多的問題；個人如此結合古與今、宗教與科學，作上述的認定，係大膽的推論，有可信的理由，但欠明確的信證，而信證更有待於將來的科學進步，學術研究的更新成果了。

參、禪宗的公案

禪宗既以不立文字為宗旨之一，但文字既是記事、載道的工具，當然不可不用，但其不依重文字、不由載道的文字所形成的經典以求開悟的基本精神，則使用文字時訖未喪失，以經為例，初期除《楞伽經》、《金剛經》之外，幾無其他的經論，顯出了藉教明宗的意義，以此二經的形而上的「佛」、「心」、「性」等本體觀，作開悟的意念引導和認知；後來重《壇經》，這出於六祖慧能的開悟結果和說法開示等，敢於稱經，表示了他與佛陀無殊的地位和大智慧，大概此經滿足了作為開悟意念引導的形而上理念的需求，而且又少文字和語譯上的隔誤，因此而《楞伽經》和《金剛經》也不太重視了；此後則重語錄、公案、偈詩等，形成了本宗未依佛教經、論、律和註疏經、論、律的形式而發展的特色。最堪注意的，並無與坐禪方法的禪經、思維法則的因明一類，連僧侶的生活禮儀、叢林管理，也僅有《百丈清規》一書，顯示了不注重悟解和證悟的實際，將禪宗的典籍與印度的佛書作一比較，顯示了我民族性喜簡易的特性，煩棄繁瑣和反覆分析譬說，而且扣住了求開悟、開悟了和開悟後的勘驗立場，「快人一語、快馬一鞭」，便見究竟，語錄和公案尤其表明了這一特性。禪宗師的話頭，均短而又短，很少有上百字的；公案亦然，大多在百數十字之間，甚至片語隻字。比之佛陀在臨滅度時的說《涅槃經》，傳說尚說了三天三夜，相較之下，差別太懸遠了。當然與簡易相反的是細密，也有好處，可以深入辨析，透徹玄微；但是僅宜於講學研究之用，不適合於宗教的傳道聚眾，天主教、基督教的聖經，便無此情況，何況是求開悟以得智慧，而不是由思慮辨析以得經驗、常識呢？看來佛教的衰微，繁浩的經典，繁瑣的析說，可能是最大原因之一。

話頭、公案的簡短，顯出了得精要和帶智慧的光芒，因為能一語中的，句句通玄。

語錄先出，最早的是《六祖壇經》，因為日後有了增益，加了分章立品，不太像後起的語錄。其後大宗師，其說法開示，由侍者、書記記錄平時重要，精警的說法、開示，以其不加修飾詞藻，不避俚俗，用當時的口語筆錄而成，故曰語錄，如馬祖道一禪師語錄、趙州從諗禪師語錄、臨濟義玄禪師語錄，沒有日期，沒有章節，大要一次開示，一事說法，或彼此問法對答，記成獨立的一段一段，加上略為插入了說話時的情景動作，故最能反映當時說話時的情況，逐漸形成語錄的定式。也有記載頗多頗詳的，稱為「廣錄」，僅記重要的則稱「語要」，集一人的則稱別集；集多人的則稱「通集」；那是編輯時刪減以後的結果，性質仍是語錄。

公案的產生，是以語錄為基礎和先驅：公案不是在語錄外而有，乃由語錄中摘取一語或數語、或一事而成，雖擴大到了佛書，但方式未變，而且數量極少；語錄出來之後，錢大昕認為大約二百五十年之後才有公案。語錄一辭《佛光大辭典》認為最初見於《宋（劉宋）高僧傳》卷十六慧義寺神清章中之北山參玄語錄，但性質不同，而性質相同的，則可遠溯到《論語》。至於「公案」的名稱始於黃蘗希運，他有「昨日公案未了」之語；其弟子陳遵宿有「見（現）成公案，放汝三十棒」。但應是立名之始，要待公案之書出，才算真正的完備，錢大昕二百五十年的說法，與現存最早的公案典籍《碧巖錄》所云：「祖教書謂之公案，唐倡宋盛，其來尚矣。」雖然年代難以如此精準確定，但語錄早於公案甚久，則係事實，中唐應是提倡之始。公案的一般解釋為「公府之案牘」。這雖然沒有錯誤，但是乃這辭彙的廣義解釋；而《碧巖錄》序云：「二字乃世間法中吏牘語。」可見非公府的普通公文書，又序中闡明禪宗公案的三作用有「要見實詣，如老吏之據獄讞罪」；「如廷尉執法平反，出人於死」；「如官府頒示條令，令人讀律知法」；綜合了這些比說，可以進一步確定公案乃如今日之法院判案定讞的判例、案例，犯了同樣的罪行，依據同一法條，作出了公正同一無二的判決，正是「拈古大綱，據款結案」公案的取義，道明了公案的總目標。「拈古」即拈出古則之意，古則即公案的別稱，拈選出古人可作法則、準則的話頭；「據款」乃根據犯人的白狀、自白書，以判罪結案；以比擬禪宗師勘驗時根據公案而認定禪人的開悟所得，公正無誤。這是公案最原始而又基本的得名的意義。結合了世間的、生活中的實際名詞，而作開悟與否的證驗名詞，而涵義更多、更豐富，因為此外尚有古人因此則而開悟了，我自然能夠而不例外；正如法案案例是公平的，同一情況下人人適用，而且有不會援用有誤等等之意。

公案是沿著語錄而發展的，所以也叫看話禪，看話即看話頭，也叫參話頭，更有時連稱為參話頭公案；名之為「參」者，一方面以其包括在學人向宗師參請時的參請之內，而又參某一公案，往往由其決定；「參」更有個人參究求悟的意義，也是參禪的重要內容。所謂「參禪須透祖師關，妙悟要窮心路絕（《無門關》一）。」即指參公案的工夫和目的，也顯見求妙悟和參公案是參禪的重中之重，而且是靠自力為主的，禪宗發展到此，參公案已是窮則變，變則通的最後的智慧發揮和方法了。因為此後禪宗又與教下各派混同了，雖然禪宗取得了優勢，各處叢林大都入了禪宗各派的掌握，但也大起莊嚴廟寺，造像拜佛，唸經做法會，喪失了呵佛罵祖的氣概，勇決求悟的精神，佛禪混同之餘，禪宗不失宗風的大概只有傳承著參公案了。

禪宗的由活法求悟，根據開悟的經驗和開悟所得，形成獨特、活潑的禪風，並從而各有宗旨和求開悟的方法，不僅有五宗二派的建立，尚有未立宗派而又不屬任何宗派的諸方，但透過遊方和相互的參訪，形成了不相菲薄而又相互切磋的互動，以臨濟宗的用棒用喝為例，其他宗派也不是不用，又如溈仰宗的「圓相」，曹洞宗的「五位」，雲門宗的「三句」，都不少能相互瞭解，甚至參究；雖然各有主見、法要而爭執，形成水火之勢，但仍以相互尊重、容涵為最多；但是直到各宗的求悟方法，只能於「佛性」、「佛心」器根特厚之人，偶起開悟作用之外，而由某一方法產生的流弊就不能不注意了，例如用棒用喝，假設不能使人開悟，又流於這種形式，又不能勘驗悟境時，則你棒我喝、我喝你捧地棒喝交馳，豈不是一場鬧劇？而且在世俗之人和信徒的觀感中，有何威儀？有何良好的形象？則更求其他的方法，於是有默照禪的興起，表面上似與佛教的打坐、坐禪無異，但實際上不是由修靜而入定，達到有想天、無想天等等的境界，乃是由坐禪而觀心默照，如宏智正覺這位元倡導的宗師所說：「不觸事而知，不對緣而照。」因而所知的不是世務、常識，而是妙微的至道，所照徹的不是有物件、對待的思維而是微玄的根源，在於求徹見本源的佛性、佛心而開悟。才說「萬象森羅，放光說法。」後於他而提倡看話禪——參公案的大慧宗杲，也許認為這樣不能開悟，也許認定了他未曾開悟，又根據自己的開悟經驗，攻擊宏智為「杜撰長老」，又認為這一求開悟的方法為「黑漆漆地、緊閉卻眼，喚作默而常照。」宏智是曹洞宗，而宗杲是臨濟，宗杲在基本上有沒有因宗派門戶之見崇己而抑人，姑且不論，但顯然沒有細讀和深探正覺的語言，有了很大的誤解或曲解。宏智的默照禪至少是由佛教的坐禪入定改變的求悟方法，配合了曹洞宗的「五位」，也是一派宗師的智慧和他的開悟經驗所開創。參公案的看話禪如何？是不枯坐蒲團，不落在動與靜的一邊，行住坐臥都要參，如大慧宗杲云：

> 願公只向疑團不破處參，行住坐臥，不得放舍。僧問趙州：狗子還有佛性也無？州云：無。遮這無字子，是破生死迷情的刀子也。……（《大慧普覺禪師書》卷上〈答劉學寶〉）

普覺是宗杲的御賜法號。相形之下，宗杲所主張的，較宏智活潑多了，行住坐臥都要參這公案，不死守在蒲團上，至於如何參這無字？宗杲道：

> 如僧問趙州：狗子還有佛性也無？州云：無！只管提撕舉覺，左來也不是，右來也不是，又不得將心等悟，又不得向舉處承當，又不得作玄妙領會，又不得作有無商量，又不得作真無之無卜度，又不得坐在無事甲裏，又不得向擊石火閃電光處，直得無所用心，心無所用之時，莫怕落空，卻是好處，驀地老鼠入牛角，便見倒斷也。（同上〈答張舍人狀元安國書〉）

筆者曾對上文研求而論其要點道：

這是大慧參趙州狗子公案的例證，也是證悟經驗的說明。探索其意：㈠首先不能依公案的語句探求意義，苟如此則作「真無之無卜度」了。㈡不能從實際的事實參求：狗子有佛性嗎？無佛性嗎？事實是有此可能，或無此可能的，但不許如此思考。㈢也不許擱置不理：「不許坐在無事甲裏」，乃不聞不問之意。㈣不許作奇特會：即將心等悟，玄妙領會之意。其目的就在掃除惡知識，不許思惟擬議等前提下，「無所用心，心無所用」，而佛性發露，驀然證悟，化不可能為可能，如老鼠之倒入牛角。其後無門開慧之言，大抵與此同意：「通身起個疑團，參個無字，晝夜提撕，莫作虛無會，莫作有無會，如吞了個熱鐵丸相似，吐又吐不出，蕩盡從前惡知惡覺，久久自然純熟，內外打成一片，如啞子得夢，只許自知」（《無門關·第一趙州狗子》）參公案的看話禪大致如此。（《佛學思想綜述》下冊〈宗派概要·三五六條·看話禪〉）

看話與參公案，有實質上的一致，也是在無法可想之下的求悟方法，「無所用心」，應即黃蘗「無心之心」的「佛心」，「心無所用」，即能思惟之心，能產生感覺的所謂「惡知惡覺」，不用這種心思，以引發、激起本具的佛性，其所主的參公案作用在此，根本仍紮在禪宗的「佛性」、「佛心」上，而且是花樣翻新。其實根據《禪關策進》所記，黃蘗希運已指示僧眾看個公案、話頭而參之，是應為看話禪之始，但如此影響重大的參禪方法，卻不見於《景德傳燈錄》的黃蘗希運章有所記載：其「傳心法要」中言及修證之法，亦僅及於「觀心」、「空心」等，可見不為其所主所重，縱然有之，也不過偶然的提示，到了宗杲的師叔「五祖法演」，已公開主張「提個話頭，晝參夜參」。而且與打坐並行，如他所說：「又不可在蒲團上死坐，若雜念轉鬥轉多，輕輕放下，下地走一遭，再上蒲團，開兩眼，揑兩拳，豎起脊樑，依前提起話頭。」（《禪關策進・東山演禪師進徒行腳》）已偏重打坐以參公案，就宗杲所主張的「行住坐臥，不得放舍」而言，只有打坐才能收心凝住而專注地以參公案，所差別的在一主張默照，一主張參公案而已，而反對宏智如此之激烈，有不可解者在。禪宗的求悟方法發展至此，雖未窮盡，但此二者已漸漸而歸於「定法」，與禪宗以前不重視的佛教「戒定慧」的固定修行法門，在精神上已一致而成為「定法」了。雖然消失了以前的活潑性和變化性，多多少少也違背了禪宗的「我宗無言句，更無一法以予人」的精神，可能是導致此後禪宗衰微因素之一。但是也是禪宗師實證實悟的二種方法，而且能如佛教的戒定慧般為禪宗各宗派所接受，一定有其廣大的效應和開悟結果，才能被禪人接受和遵從；較之於用棒用喝，不但有內容而且在形式尤大有進步，合乎無心用功的修行實際，純就方法而言，也是一種智慧的開創。

語錄的話頭，和參禪的公案，當然係由語言文句所構成，成為禪宗的典籍之後，其意義和價值與佛書的經論等沒有差異，都是覺者——開悟後的智慧，比較之下，更為簡明而直接，因為沒有經論的反覆和繁瑣：話頭和公案，更是簡而又簡，精而又精。佛法予人是法味的知的快樂，和理的深入明白，而智慧的瑩徹，則次於禪宗。如果與宋明理學的語錄和學案作比較之後，更能見其特色：禪宗的話頭和公案多是實證實悟後的「證道」語言，而宋明理學家則多為思而有得的見道語言，於本體的實際隔了悟達的一層，很顯見的是二程以仁為本體，朱子以理氣為本體，陽明先生以良知為本體等，就本體的主體性、絕對性而言，仁和良知都無此性質；朱子的理氣似少了此一缺失，但又陷於一元論和二元論的爭論中；又各家所主張不同，何者為是為真呢？顯然是思惟判斷的結果，未見「真實」，各有所思而各有所得所見了。禪宗師則不然，開悟之後，是人與道合，對本體的著語如「佛性」、「佛心」等，只有名詞之異，而無實質的不同，筆者認為是由悟的真，才能言之切，故無理學家的缺失。語錄、公案是禪宗師教人如何求悟？勘驗他人是否開悟？所悟是否真實？到何境界？而作種種的提示和對質疑的答覆，無虛假語，客套語；又恐言語上的直接思惟論說，陷於「言語道斷」的迷失，常常出以暗示、譬說、肢體語言等，一方面不避俚俗，都是「向上一路」的指引和答覆；一方面也是說話人的如實所體會，一一皆自胸中流出；參公案不是思惟擬議的求一些解答，而是在求徹底的開悟，悟後的著語，對宗禪勘驗時的答話，充滿了悟得的智慧；就其可言說的部分而言，是宗教的，也是哲學的，而且影響到學術思想的發展，故除了公案、學案的比論外，以禪論詩，以參公案之法以學詩，更是唐宋以來的老生常談，可見話頭和參公案的影響久遠而廣大。所遺憾的是參公案等，是形而上的「大事」，遠離了世俗，雖有可通之處，畢竟隔了一層，常常難以發揮公案蘊含的智慧；加上禪宗消沈而又與佛教混合已久，公案雖然尚存，而又止有「參」的形式，既然精蘊難明，自然作用難生了；何況對公案、話頭等的誤解，自古已然，於今未絕，例如錢大昕指話頭為支離，胡適先生斥公案為不合邏輯，全然不合情實。故而祛除迷誤，由公案之書，抉發智慧，以明參公案的究竟，且彰而通之，使大眾神而明之，作僧家的參究，及世俗的引導，毋使慧光熄滅，慧命中絕，若如一位博雅的朋友所說：「我只認公案二字。」則未免太可惜了。

要使公案起發明「大事」的作用，如大慧宗杲所說，於僧家和世人，都是難事，於筆者亦幾如「蚊子上鐵牛，無下嘴處。」僅以他所指責的「才上蒲團，便打瞌睡」而論，如今多少人有蒲團？多少僧人不在蒲團上打瞌睡呢？所以僅能就禪宗拈用和所參的公案，實參實得的智慧，由發明「大事」而透落至世俗「小事」，引發出處理的智慧，多一種世俗經驗和世故以外的引導和參考，是極為重要而又甚為需要的。例如「平常心」一詞已是我們面對得失、危險等而焦慮、緊張的「鎮定劑」，無數人和許多場所在引用，而其根源是出於禪宗的話頭——「平常心是道」。這本是南泉普願開示其弟子趙州從諗的話頭，所謂「道」是發明「大事」的，以後被拈出而成公案，如馬祖道一所說：

> 道不用修，但莫污染。何為污染？但有生死心，造作趨向，皆是污染。若欲直會其道，平常心是道。何謂平常心：無是非，無取捨，無斷常，無凡無聖。……
>
> （《景德傳燈錄》卷二十八〈馬祖道一〉章）

顯見所解釋的「平常心」與世俗事務無關；臨濟義玄將之落實到修行用功的生活上云：

> 道流：佛法無用功處，祇是平常無事，屙屎送尿，著衣吃飯，困來即臥。……
>
> （《臨濟錄‧示眾》）

這段話更可以用在日常的真實生活上，例如穿衣不作保暖遮體之想，質料要綺羅，式樣要奇異，甚至要專門設計，擁有獨一無二的衣服，時下的講究品牌，即是穿衣不作穿衣想的例證；吃飯在求衛生、營養和飽腹、美食、偏食已是個人的嗜好，至於食具要象箸玉碗，燕窩魚翅都吃厭了等，日食萬錢，尚嫌無下箸處，何嘗是吃飯即作吃飯想呢？當然不是平常心了。又「平常心」的大肆流行，乃圍棋國手林海峰在爭日本本因坊王座之時，七戰三敗之後，眼看再輸一次就無緣了，竟然由第四局而大逆轉，接連四勝而登上「王座」，他回答記者何以能有此奇蹟？乃「平常心」。臺灣不少的媒體人和好事者，認為是海峰的老師吳清源的智慧和經驗的指點，而不知道出於禪宗的公案和話頭，在日本，由於禪宗仍在被重視和盛行，南禪寺竟有禪豆腐，故其媒體人多知道此一語彙的根源，反而國人昧其根源了。所以此一智慧對林大國手產生關鍵性的作用。

欲使宗教性而去今已遠的公案，能在現在的現實生活和事務中，起智慧的引領和省悟作用，必自先明其當時所產生的作用，就話頭能形成公案而言，乃此話頭具有權威性，以其係禪的大宗師所說，或已成為其時的主流法要，為禪眾所注意；就求開悟的禪人而言，是適合他最好參求的範例，而宗師令其「參」；禪人在求悟的階段有所悟的程度或境界不同，如大悟、小悟、一知半解之悟，甚至以未悟為已悟，長老乃藉公案而作考驗或指點，此「事」既沒打數分，定甲乙的等級可能，又不可直接的說破，使學陷入感覺辨識的障礙中；發明「大事」的徹悟，是否直達大圓鏡智的無欠無餘、大休大歇的境界，在保持徹悟的「保任」期間，更有待宗師之勘驗，如三教老人所云：

面壁功成，行腳事了，定盤之星難明，野狐之趣易墮。具眼為之勘辨，一呵一喝，要見實諦，如老吏據獄讞罪，底裏悉見，情款不遺。……（見〈碧巖錄序〉）

這一緊要關頭，超過現今博士考試時的口試，因為迷悟之間，無明顯的界線，如秤桿上的定星，有些許的差錯，便不足斤兩，不是圓滿而透徹之悟。博士口考，尚有論文可查核，較之甚為踏實而容易。故而與初學初參者不同。開悟宗師的互動，恰似現代哲學家相互較考其某類學術，是主觀的、唯心的，公案之中的如實證悟的智慧，已悟者皆知其落處，在互逞機鋒，相互勘驗時，正可起「定盤之星」的標準作用。公案的重要作用，大致如此。

看話禪的力倡者大慧宗杲和其先後的宗師，雖揭示了參公案之法，但只是原則、要訣，近代日本的鈴木大拙，根據博山和尚的參禪警言，歸納了促使疑情成熟之法——十法，實際乃參公案之法：

一、不慮世事。

二、不貪靜境。

三、不為瑣事所困。

四、時時自警，如貓捕鼠。

五、集中精神，專究公案。

六、不於無可解釋處妄求知解。

七、不以聰明伶俐對之。

八、不作「無事」解會。

九、不以暫時證明為究竟。

十、不似念佛、念咒般地念誦公案。（見《論禪悟》）

雖然簡略了些，但具體而明白多了。又於同書歸納了學人可能陷入歧路的十條目：

一、廣求知解，強從公案中求其邏輯的內涵。

二、厭喧求靜，喜到寂無人處坐去。

三、以妄過妄，希令妄心不起。

四、空心靜坐，擬將身心器界悉皆空去。

五、依己知解，穿鑿古人公案。

六、認有一物，出入六根門頭，放光動地。

七、妄以六識，行善行惡。

八、欲以有為功德，妄求佛果或究竟解脫。

九、散誕活潑，不守戒律，障自障他。

十、妄自尊大，自不知非，不肯反省。（同上）

其中很多不是鈴木所指出的「歧路」，而是參公案之法；第一條所說廣求知解等，是指出現代學者對公案的誤解，似乎針對胡適先生而言，因為他在敬答胡適博士的長文中，認為「胡適所知的是禪的歷史背景。」「對於禪的本身尚且沒有討論資格。」以筆者的看法，胡適先生正是欲從公案以邏輯而求其中的內涵，故根本不能懂公案。至於鈴木所列第二條「喜到寂無人處坐去」，這不是錯誤，反而是參禪的常用之法，如果「沈空滯寂」地打坐入定之後，不肯出定，或認為是解脫的究竟，則方是迷誤，因為是「大海裏宿死屍」的枯木禪，而不是徹悟，此條應似指此。第九條也雜混了佛教重戒律、守戒律的法則，與參公案的關係不大。綜合這二十要目，我們未必能照之參公案，但無疑地對公案的參究有了頗多的瞭解，也多了具體的著手方法。此外公案是禪宗「發明大事」的開悟方法，更有開悟的過程，和開悟的智慧在內，要一併研究。

公案與以前禪宗活法開悟的方法不同，雖然同樣基於佛性、佛心的成佛本能的引發或激起而得悟，但公案的「參法」不是偶然的、無意的，也不是外緣的，而是有前人的經驗案例作參究及勘驗；而且是在求開悟的意念下，參究前人的公案，由激起疑情、諸般領會求解而不能之後，激發了佛性、佛心，而驀然發明「大事」。徹悟之後，於「道」——本體的實際而言，有只許自己如實領會，不許言說、不能言說的一面；也有「第二峰頭」，可以言說的一面，言說的是不能道出真實和究竟，只能形容真實和究竟的某些方面，或指示如何接近、進入的途境，如哲學的論說本體，認知本體等的言語論說。禪宗的發明大事大大地與佛教不同的，根本不從理入或行入，而是「隨緣悟達」，已如上所述。「隨緣悟達」又是不離世俗，由小事物而發明了「大事」，如見桃悟道，渡水見影之類，而公案就紮根其上而又結集了這些事務經驗而成，可以說也採用了「隨緣悟達」的活法。真如六祖慧能所開示：「佛法在世間，不離世間覺」了。公案既能令人徹悟，故而由公案所徹悟的智慧，便能照察人生，明曉事物，指導人生了。所不同的，不太能由知識層面尋求，和以邏輯推論找義蘊，而在契入公案的深層和核心，擺脫玄微「大事」的神秘，方能由出世的智慧而得入世的智慧，所謂「良驥見鞭影而行」。於是參公案的看話禪於禪宗的開悟，也許是一種退化，但於能運用此智慧於人世，當是一種最大的提升了。

肆、公案的拈解

公案是從語錄中拈出來的，總數經前人估計約一千七百則，經常通用的，約五百則，未必都是精確的統計，前一項大概是傳說的數位，如果依《景德傳燈錄》由各家語錄拈出的就成了公案，也許有此數目、或更多些；至於五百則是經常通用的，也未必如此之多，專門拈出而成的公案研究之書，依筆者的估計大約在五百則左右。

禪宗的公案既然是特別的，包括了佛陀和佛教的經典在內，僅「拈出」——摘取一語、一事，以行參究，根據前述參公案的法則，既不許智知，自然不會如佛書用論、疏的方式而分析解說了，而且用不上，也不適宜，例如下面的公案：

汾州無業禪師謁馬祖，祖睹其貌瓌偉，語音如鐘，乃曰：巍巍佛堂，其中無佛。

師禮跪而問曰：三乘之學，粗窮其旨。嘗聞禪門即心是佛，實未能了。

馬祖曰：未了的心即是，更無別物。

師又問：如何是祖師西來密傳心印？

師曰：大德正鬧在，且去：別時來。

師才出，祖如曰：大德！

師回首，祖云：是什麼？

師便領悟，乃禮拜！祖云：這鈍漢，禮拜作麼！（《景德傳燈錄》卷八）

何以知道成了公案？因為以後雲居清錫拈出云：「什麼是汾州正鬧？」不妨試試，如何而能解釋這一公案？雲居拈出的什麼是「汾州正鬧？」是這則公案中難以明白之處，汾州是無業禪師以後居寺說法的州邑，以汾州稱他，正如郭子儀的封為汾陽王，如是便稱郭汾陽、或汾陽。「汾州正鬧」指的是無業禪師向馬祖問所懷疑的「即心是佛」等問題時，馬祖說他「正鬧在」，所鬧的是什麼？最直接的解答是

「他並沒有鬧什麼，正是安靜而虛心地問其疑問。」然而馬祖所說的錯了嗎？沒有！反而是針對無業的問話之心理狀態，作了正確的指點，因為無業正陷於情識意想，忙於想東想西，而問東問西，忙得很、鬧得很，於「即心是佛，實未能了」，又轉到「密傳心印」上了，馬祖命他「且去，別時來」，因為「動念即乖」，他已在電光火石的瞬間，錯失了開悟的機緣。至於在他才出去時，驀然招呼他，他回頭時，馬祖問他是什麼？他當然仍舊是他，卻開悟了，原因何在？能解釋嗎？能有答案嗎？這是禪的神秘而吸引人之處；無業的「禮拜」，是其時的唯一的答案；是向馬祖禮拜嗎？還是向開悟所得的佛的境界、果位而禮拜呢？馬祖卻在其「發明大事」的開悟之時而說「這鈍漢，禮拜什麼！」又是何意！是責斥嗎？這一公案如何能依照佛書而作論作疏？如何能照儒家的《論語》、《孟子》等作疏作箋？依筆者的愚見，無業的開悟，是在馬祖喚召他「大德」，驀然回頭時，從所疑而問的情境中跳出，沒有思惟擬議，長久的求道理念和疑情，剎那間激發了佛性、佛心而開悟了，此時的禮拜，一方面是得悟的表現，也是對馬祖的感謝；馬祖的「這鈍漢」，是倒反而稱讚其聰明；「禮拜作麼？」乃不居功，意謂是無業自己開悟了，謝什麼？拜什麼？

如此釋說，能獲認同嗎？即使是禪人也會懷疑，無業真的開悟了嗎？如這段記載，他悟了什麼？馬祖也沒有勘驗出什麼；何況這種種的解說，真是「正鬧在」——熱鬧的很，會誤導參禪者陷溺在文字知解中，「一句合頭話，千載繫驢橛」——會使人如驢子繫住在木柱上。故而公案之書，不是全部公案作不出這樣的解說，而是不許可如此解說，因為可能害人不淺。只有在僅求理解之時，不得已而如此作解釋。所以公案也沒有走上論疏注箋的路，只有「拈出」以提醒注意，或提出疑問，如雲居清錫，或「代話」，代為解答問題，提出所見，予以指點，其例如下：

> 有一僧來，繞師（章敬懷惲禪師）三帀，振錫而立。
> 師曰：是是。長慶代云：和尚佛法身何在？
> 其僧又到南泉，亦繞南泉三帀，振錫而立。
> 南泉云：不是不是。此乃風力所轉，始終成壞。
> 章敬道是，和尚為什麼道不是？
> 南泉云：章敬即是，是汝不是。

長慶代云：和尚是什麼心行。（見《景德傳燈錄》卷七〈章敬懷惲章〉）

這則公案，不但如啞謎，而且像今時的肢體語言，這位僧人元是「行腳」——也稱遊方，到了章敬懷惲及南泉普願所住持的寺廟；他不修僧人的賓主相見的禮儀，即相互較量機鋒，繞著二人轉了三圈，是在觀察二人的顏色動靜等表現，只轉三圈，不多不少，含有他已透過了「見山是山」。「見山不是山」「見山仍是山」的境界，自然有以開悟的聖者自居的傲慢；其振錫——扶振了錫杖而立，是以錫位代表「聖位」——本體的意思，懷惲的「是是」，乃知道了，承認了這一禪境；這位僧卻無回覆的語句或動作，所以長慶（有長慶大安、長慶宏辨、長慶慧棱、長慶當中四人，未能確知為誰）代表此僧問道：「和尚佛法身心何在？」錫杖代表了「聖位」，懷惲禪師，你在那處？開悟了嗎？人道合一了嗎？按理這位和尚對懷惲的「是是」應有回答，才是機鋒互逞；他以同樣的方式考較南泉普願時，南泉答以「不是不是」，指的是這和尚和錫杖都不是聖位，因為都是地水風火四大種所造成而又流轉著——有始有終，有成有壞，不是究竟，大概是「目擊道存」，看穿了這位僧人的所得；如果真有實悟，一定會對南泉的話有反應；故長慶代答道：「和尚是什麼心行？」問南泉何以分凡分聖？否定了這位和尚的能開悟和已開悟呢？其時這位僧人真的沒有開悟的智慧，而笨笨地追問懷惲何以道「是是」，普願何以道「不是不是」，其實普願的道「不是不是」，意義已很明確顯示在答話中了。才道「章敬即是」，是開悟人，「汝不是」，仍是癡愚漢，而作了這勘驗的結果。所以代語也是公案的解釋。另有所謂別語，乃別出一種意境，與原公案並存：

鹽官齊安禪師一日謂眾曰：虛空為鼓，須彌為椎，什麼人打得？眾無對。

有人舉似南泉，南泉道：王老師不打這破鼓。

法眼別云：王老師不打。

齊安的告眾的開示，乃有破除人的情識妄想，當然大眾也知道，不會真的有這樣的鼓要去打，但是大眾的沒有回答，顯然是缺乏了智慧；南泉普願的「不打這破鼓」，連鼓都不存在，何以說是「破」呢？因為「道」或超越的本體，是無形相的、絕對的，既然有了虛空、有了須彌山，成為「空」、「有」的相對，所謂「樸散為器」，故以破鼓形容之，為南泉所不取而「不打」；至於法眼文益的「別云」，不是否定南泉所說，而是別出意境，破鼓不打；那不破的「鼓」，超越形體的絕對性的「本體」，能打嗎？也不能打，其意是破鼓也好，完全的鼓也好，都不打。此別語也有轉語之意，所謂「代一轉語」，即語不圓滿或有過失，而轉使其圓成，如百丈懷海於「不落因果」，下一轉語為「不昧因果」。此外不用上述的名稱，而常見的，則為「著語」，即於某一公案沒有其他的悟解，而如當事人的感受，表示某種見解。例如：

> 五洩靈默禪師參石頭（希遷）云：便問一言，相契即住，不然便發。
> 石頭據坐，師便發去。
> 石頭隨後逐至門外，召云：闍梨！闍梨！
> 師回首，頭云：從生至老，祇是這個，又回頭轉腦作什麼？師於言下忽然有省，便踏折拄杖，一住二十年。

洞山云：當時若不是五洩先師，大難承擋。然雖如此，猶涉在途。

長慶云：險！

玄覺云：那個是涉在途處？

有僧云：為伊三寸途中薦得，所以在途。

玄覺云：為復薦得自己？為復薦得三寸？若是自己，為什麼成三寸？若是三寸，為什麼悟去？且道洞山意旨作麼生？莫亂說！仔細好。

這些禪師，都是為這則公案而「著語」的，洞山良价認為在這樣的情況下五洩能開悟，真太難了，這是「大難承當」之意；「猶涉在途」，意謂不是徹底之悟，如回家之人，尚在路途跋涉，還未到家，五洩留下來再住三十年，可以證明；長慶有四人，難確定是誰，他只說「險」，認為五洩險些錯過開悟的機緣了；有僧人認為洞山的「猶涉在途」，因為五洩僅於石頭「三寸」嘴唇的言語上開悟，並非實證，指的是這「三寸」，玄覺認為錯了，既開悟了，開悟的原因不重要，不關涉到「在途」，開悟的主體在自己，不在他人的語言，不要誤解了洞山的意旨。這樣的著語，主要不在拈釋這則公案了。這是公案初期和在發展時的「解釋」，以儒家講學和現代學校授課而作比較，根本算不得解釋，頂多是一種提示。這種方式，見於各宗師的語錄，尤其是《景德傳燈錄》一類的書中，而又以小字註釋的方式顯示，又和書中校出的錯別字雜在一起，而使人忽略。今人也許會問，這樣的拈解有效果嗎？答案是當然有，不然公案就不能成立了。但是要深一層作瞭解，公案不是如今的教科書或參考書，根本上不作知解的知識追求，也不是廣泛涉獵。有的禪人參一公案，多出於宗師、老宿所傳授，而且一參多年，直到開悟為止，絕少更換，又不許動念起意，在文字上作各種理解和猜度，只有激起疑情、殺心猿、止意馬，洗刷惡知識，以激起本具的佛性、佛心，靈光閃動而開悟，鈴木大拙所引述的更明白而扼要些：

專門一點說，公案派給初學參究的目的，在於斷命根，在於「死偷心」，「死卻無量劫來識心」，如此等等。這些話聽來不免有些殘忍，但究竟的目的卻在超越理智的限域，而此等理智的限域，只有在運用全副的精神力量，使自己孤注一擲，才有跨越的可能。此等限域一去，原本無法在經驗意識層面解決的問題，便轉到了心靈的內在深處。因此，有一位禪師說：「除非汗流浹背一回，別想見到一帆風順的境致。」「除非渾身汗透一番，莫想一莖草上現寶王剎。」（見《論禪悟》）

與前述大慧宗杲所主張的參禪原則，語別而意同。但筆者認為不是「超越理性的限域」，而是在遏阻理念引導理性而陷於「理性的限域中」；不是參公案而轉到心靈的內在深處，而是激發深處潛存的「佛性」、「佛心」。就學人的初學參究的目的而言，上述的拈出，也許是形成公案的基本；至於「代語」、「別語」、「轉語」、「著語」，則頗嫌多餘，頂多在勘驗開悟所得，但是卻形成了初期公案的基礎，後來踵事增華，加上了以詩頌古，才突破了《傳燈錄》以紀錄禪宗師的個人歷史和語錄為主，夾雜了公案的拈舉和上述「代語」等公案的解釋，形成公案之學的書。其發展如下。

禪公案是極為多樣化的，而開悟的實際，不但脫離不了經驗，很多更是外在機緣的引發——即周遭情景事物的引導和激發，只是此時的情景事物成為「目觸道存」

的見道媒介；而禪宗師的拈出而成的公案，並不全是「無義語」，只是避免了「真心直說」的知解方式，而用了比擬暗示等，認為是「繞路說禪」，說而無說——我是說了，但我並沒說出是什麼？不會誤導你，讓你直接知道是什麼，如此才能「言滿天下無口過」。但已是「有義語」——有意義可尋求的語言，例如：

馬祖道一問弟子石鞏慧藏，其時石鞏正在廚作務次：作什麼？

石鞏曰：牧牛。

祖曰：作麼生牧？

曰：一回入草去，便把鼻孔拽來。

祖曰：子真牧牛。

南泉普願上堂曰：王老師自小養一頭水牯牛，擬向溪東牧，不免食他國王水草；擬向溪西牧，亦不免食他國王水草，不如隨分納些些，總不見得。（《五燈會元》卷四）

師（懶安）即造百丈（懷海），禮而問曰：學人欲求識佛，何者即是？

丈曰：大似騎牛覓牛。

師是曰：識得後如何？

丈曰：如人騎牛至家。

曰：未審始終如何保任？

丈曰：如牧牛人，執杖視之，不令犯人苗稼。

師自茲領旨，更不馳求。（《五燈會元》卷四）

這兩則牧牛公案，非常有名，而且產生了對禪人參禪等的廣大影響，以後以之作題目，形成了「頌古詩」，而且分成二大系統，有由「未牧」至「雙泯」——人牛都不見的十個階段之十個題目，和由「尋牛」到「入鄽垂手」——再入塵世伸手救人的十歷程，有詩三百多首，遠傳到日本，並且繪成牧牛圖，在與詩相配合後，稱為牧牛圖頌。上所引述的公案，都是以「牛」喻「心」，石鞏的牧牛：「一回入草去，便把鼻孔拽來。」是開悟之後的「保任」境界，因為禪人開悟之後，為不使悟境失落，要有一段很長的時間，保持領悟所得，叫做「保任」。石鞏的「一回入草去」，便是由失落所悟而落到塵俗時的描述，於是修持加力，如牧牛般把鼻孔牽拽回來。南泉普願的牧牛，也是開悟後保任的形容，「溪東」代表凡俗界，「溪西」代表聖境界，牛在這邊放牧不行，在那邊放牧也不對，在凡界便如石鞏所說的「入草」而有缺失；那麼在聖境不是很好嗎？分凡分聖，已是起心動念而有了分別心；何況以聖者自居，更是缺失，故而「這邊」、「那邊」都有缺失，只有「隨分」不加分別，而加納受才行；懶安禪師的欲求識佛，百丈懷海答以「大似騎牛覓牛」，人已騎在牛上而覓牛，正如人的佛心本具而問佛心在哪？懶安復問「識得後如何？」百丈仍以牧牛為比喻；「如人騎牛至家」。言外之意，不可落在途中；懶安的問「保任」，似乎已開悟了，故問此如何保持不再迷失的方法，百丈答以：「如牧牛人，執杖視之，不令犯人苗稼。」仍以牧牛而比擬說明之，指示如看好牛，不犯食人家的苗稼，也同於不入草的保任之意；這三個公案的答話，都是針對所問的、甚有寓意的語言，但仔細尋求，完全於開悟等，只有暗示，沒有明說，會者便會，於開悟的實際而言，是說而無說，誠可謂如司空圖詩品中所云：「不著一字，盡得風流。」

這一牧牛公案，不僅如此，大概是曹洞宗一派的禪人，依曹洞的「五位」——「正中偏」、「偏中正」、「正中來」、「兼中至」、「兼中到」，所謂正指本體界，「偏」指現象界，指喻禪人由偏在凡俗的迷界，開悟而入正位的悟境的五階段，這五階段又合乎佛陀的「成佛歷程」——降王宮、修苦行、成正覺、轉法輪、入涅槃❶乃分之為十個階段，每一階段依靠在牧牛上而立了名目，僅有詩頌明其意義，如「未牧第一」的詩云：

猙獰頭角恣咆哮，奔走溪山路轉遙。一片黑雲橫谷口，誰知步步犯佳苗。（〈牧牛圖頌〉）

全詩叩住牛的未牧：猙獰的頭角可怕，恣意地橫蠻咆哮，不是蠻牛一頭嗎？以喻心的未受約束和調理前的迷亂情況；這樣的原野奔走，去「回家」的開悟之路，只會愈來愈遠；正因為如黑雲的雜毒念頭橫布在「谷口」——心頭上，所以步步皆錯，踐踏了「佳苗」，佛心不能顯露。真是寓理佳妙，而又不落「言詮」——不用語言直接解說。另一系統也分十階段，卻以尋牛為第一，詩云：

本無形跡可求尋，雲樹蒼蒼煙草深。腳下雖然歧路別，巖前枯木自龍吟。❷

此詩亦以牛喻「心」、佛性、佛心的至道，那有形跡可尋呢？可是道無不在而又隱藏於現象界中的「雲樹蒼蒼煙草深」的深處，禪人尋牛的腳步，也許走錯了，還沒有找到「牛」，但是「道無不在」，聽到了吧！巖前的枯木尚如古人所說，尚作龍的鳴叫，予人以召喚。真是禪意、禪境與詩意、詩境，兩兩俱足，頌古詩是如此形成的，「頌古」即是頌明「古則」，是有取佛偈的形式，融合了唐宋詩以至詞曲的合律的韻味，讚頌而明白了「古則」——公案，一方面是詩與禪相合，一方面

---

❶ 五位見荊溪行策的〈六爻攝義圖〉。六爻乃行策取《易經》重離之卦，以卦中的六爻，表示五位的關係，詳細解釋，可參閱筆者博士論文《禪學與唐宋詩學》第一章，〈曹洞宗之禪學〉。

❷《牧牛圖頌》收的詩在二百三十首以上，這二系統共二十首的解釋，詳見民六十八年三月廿五、廿六、廿七日《臺灣新生報·副刊》，題目為〈王老師與牧牛頌詩〉，後收入筆者所著的《禪與詩》一書中。

是公案參求的啟示，使公案的拈解有了另一形式，而另一作用因此而吸引了大量的詩人，吸收了這一參禪的方式參詩，和以禪理論詩，以禪入詩等。但是只欣賞詩而忘了公案，則「若將詩句會，埋沒法王才」。識小而失大了。公案發展到這一步，結合了拈出、「代語」、「別語」、「著語」等，成了公案的專門之書，最有名如《碧巖錄》、《無門關》、《空谷集》、《虛堂集》、《從容庵錄》等典籍。仔細尋求，其智慧仍在蘊藏，會放光發亮。但我們要有「死蛇活弄」的本領，挖掘出其中的慧識，在自己的心靈起作用而放光發亮，更要知道，公案是禪宗師尋求開悟的智慧路線圖，很多人得到了，很多人有了如實的體會，而與其智慧相會相合而又激發智慧，所以說很多書都是「死蛇」，而公案更是智慧的死蛇，其障礙又不僅是文字知解上的，故而更難「弄」，尤其難以「活弄」。可是「弄活」了，縱然不是宗教上的發明了大事，而落入世俗事物中，也會爆裂出智慧的光芒，照破昏暗，穿透人生，解脫苦惱，解決某類的疑難，出一周身汗吧，激起腦力，引發靈光吧！參一參可參而不可放過的公案吧！自然會由這座寶山，載寶而回，豐富你的一生，至少在某些方面，如達摩所說：「做一個不受迷惑的人！」

伍、公案的參法

就禪宗的開悟之難而言，真是「向上一路，千聖不傳，學者勞神，如猿捉影。」不是說人人都有佛性嗎？眾生是未來佛、俗諺也說「放下屠刀，立地成佛」嗎？為何又如此之難呢？其實正如現今的人人皆有智商，人人可以得博士，可是事實並非如此，因為智商有高下，尚有個人的家庭和社會狀況及教育等問題；佛教不是有佛法僧的開示嗎？禪宗也不例外啦，那些另出一路的棒喝和師資教導呢？圓悟於同書中又云：

> 直饒棒如雨點，喝似雷奔，也未當得向上宗乘中事。設使三世諸佛，只可自知，歷代祖師全提不起，一大藏教詮注不及，明眼衲僧自救不了。……（《碧

巖錄》卷二）

不但極言開悟之難，幾乎佛教、禪宗的典籍和一切師資的接引方法都失效了，依理而推，參公案和以公案為引導之書，也不例外，我們不得不承認如近世佛學大師歐陽漸所云：「論其實在，固不可言說也。」就「向下一路」的世俗之事、生活經驗，人生涉世等，歐陽大師又說：「佛法乃日常應用恰到好處之事，亦猶人生眠食起居，不足希奇。」（見《內學年刊》〈今日之佛法研究〉）此固民國以來，佛教進到了人間佛教的主張，但這一精神或主張，違反了傳統的佛教教義，而近乎禪宗的生活實際，如果不從「向上一路」而道，更是如此。故而依禪人參公案的所得，向下一路而應用世俗之中，豈不是順理成章，毫無困難，得到依理順事的適當啟示嗎？因為在人生總目標上，儒家是強勢的、積極的作為態度；道家是柔弱的、消極的；在求開悟上雖然禪宗接近甚至超越了儒家的勇決，其實並不涉及世俗的爭奪而循順本性的適事合理而為。依公案的智慧，作人生的領航，不但有積極的意義，而且於儒、道之外，得到另一種智慧的引領，更是有建設、有開創的取向。我們認知了公案是禪宗的智慧結晶，得其智慧的引領，可如燈之破暗，宋儒由公案的啟引，而有學案的出現，正是例證。但是在進行公案參究釋用之時必然要有所準備和對公案的認知。

一、參公案前的準備

參公案前，要有意念的引導，而有下述四項的心理準備。

㈠體用不二：對向上一路的開悟人，是證悟了體用不二的境界，於求悟之人，必有體用不二的理念引導其求開悟，即所謂的「有事」、有「這個」；《頓悟要門》下云：

> 淨者本體也，名者跡用也。從本體起跡用，從跡用歸本體，體用不二，本跡非殊。

有用必有體，不可能有其用而無其體，這是哲學家的共見共許的體用一元的觀點，至於本體是什麼？則各有所見之不同，如第二節「禪宗的佛性」，所引述禪宗師許多的界定，即係以佛性、佛心為本體，故而禪宗常有：「體用一元，顯微無間」。「大用現前，不存規則」。「大人得大見，大智得大用。」所以我們雖未必能以佛性、佛心為體，而依體起用；但必然要有此基本的觀念，才能認知有其用，必有其體，有其體必有其用；故而無無用之體，亦不能有無體之用。如孔子所說：「四時行焉，百物生焉」，此現象界之用，必有超出此現象界的體之存在，所謂「大全」、「本體」，也即禪人「萬法歸一」之「一」；而「萬物生焉」，則係「地、水、風、火」的作用，佛法認此為「四大」，亦有其本體性。有此體用觀，不但能知話頭和公案的落處——落在體的層面上，還是用的層面上；更會使我們所思所見，更為深入，由用溯體，依體起用。這是智慧生起的本源，否則「只見一邊」，只見到能見的一面——「跡」、「用」而不知，更見不到「暗」和「體」了。

㈡事理不二：華嚴宗此一宗旨，實際上亦由於體用一元的觀點而形成，因為其所主張的「事法界」即現象界；「理法界」即本體界，理與事是一體的，二者才能「相即相入」，而離事無理，離理無事，理與事，如水與波，一體不二，即理即事，理由事顯；即事是理，事由理成。所以才說：「以理鎔事，事與理合，二而不二（華嚴法界玄鏡上）。」禪宗亦有類似的主張，如石頭希遷所云：「事存函蓋合，理應箭鋒拄。」謂理與事有相對相合的密切關係，但認為開悟不能由事理上求得，所以他又說：

> 靈源明皎潔，枝派暗流注。執事元是迷，契理亦非悟。……當明中有暗，勿以暗相遇。當暗中有明，勿以明相睹，明暗各相對，比如前後步。……（參《同契・景德傳燈錄》卷三十）

此處的「靈源」即佛性、佛心，為本體之義，其如樹之枝，水之派，流注於事物事理之中，就求開悟而言，執事以求，則著相是迷，契入理中以求，也不是悟，因為落在思惟感覺中，不能引起、激發此靈源而得悟。但是就世俗事物的通明透達而言，因為理在事中，故應即事而求其理；事由理出，故應由理以明事，因為事與理雖是一元的關係，但理往往深藏事中，而又有諸多的間接之理和外在因素，故而理常不明，而事實難知。由石頭希遷的「明暗」之說，則使我們多出了一些思考研究的法則：首先事物必有其「事相」——外在的形相狀態，至少有起頭、發展過程、和結束、結果，這是所謂的「明」——明白的事相，必然暗藏發生的道理，如人的作為必有動機、行動等，於事必有因果、關係等，明的一面，已不易明白；暗的一面，更難知察了；何況事理一元，相互「回互」——糾纏混雜，就表現在事物的事相，和深藏其中的道理，又相互「參合」，事中有理，理中涉事，而又相對立，所以說「比如前後步」，明白這些，才不致見事忘理，或者見理失事，而達到「事與理和，二而不二」。禪公案中，常有問「理」而答「事」，問「明」而答「暗」的例子，就向上一路而言，就「明」見「暗」，便是開悟人；由向下一路而論，由「暗」而見「明」，便是諸葛亮的先見之明了。

㈢因果相關：佛教極重因和緣，因和緣產生的便是結果或果報。所謂因，是主因，即事物發生的主要條件，如樹木的種子；緣是外緣，指事物產生的外在的或次要的條件，如種子種栽了，尚需時間、土壤、雨水、以及寒暖的適當等等；內因加外緣，便會產生結果，如豆的種子撒下了，時間、雨等的條件配合好了，自然會發芽生長和結成豆子，所謂的「種瓜得瓜，種豆得豆。」簡明地說：「因緣生果」，是必然的，要怎麼收穫就怎麼栽，正是此意。可是有的因不一定招果，譬如種子壞了，又有眾多的「共因」，某一因素不具備，也不能招果，所以有時不能是機械的因果關係，其故在此。正常情況，因果必然相關。禪人雖不太重視正因正果，善因善果等分別，但常說「因果歷然」，更有「不落因果」和「不昧因果」的公案，所以我們不可不明白「因緣涉果」的道理，世俗之事，事物發生了，必有其內因、外緣，因此而產生是與非、成與敗、利與害等等的結果，由因與緣而求果，由果而追查因和緣，會「因果歷然」，還會有助於事理的明白和知人論事的效果。小到忽然而來的白眼、青眼，大至不虞之譽，逼人而來的富貴，沒有不具備因和緣的。就個人而言，做什麼？說什麼？不是有自己的意願、動機等嗎？不是有物件、時機的不同嗎？內因外緣從而決定說些什麼，做些什麼嗎？均係因緣涉果。

㈣重重否定：由精進不已的立場，我們都會讚賞「苟日新，日日新」、和「從前種種譬如昨日死，以後種種譬如今日生。」尤其後者，更是禪人開悟境界的最佳說明。問題是「如何是好」？「如何而能夠新」？禪宗的重重否定，是最簡單的原則或方法。重重否定有多方否定，或不對的全面否定之意，因為否定某一觀念，才能接受某一觀念；否定一重境界，才能進入另一境界，不然，則仍然是「依然故我」。當然禪宗師並沒有立出「否定」這一名詞，而常用的是「不肯」、「不是」、「不知」等，與之相對的是「肯」、「是」、「知」，此外的「道得」、「道不得」、「吃棒」、「喝」、「擒住」等，雖然有「肯定」，但否定的極多，例如：

有僧問訊，叉手而立，師（南泉普願）云：太俗生！其僧便合掌，師云：大僧生！僧無對。

一僧洗缽次，師乃奪其缽，其僧即空手而立。師云：缽在我手裏，汝口喃喃作麼？僧無對。（《景德傳燈錄》卷八〈南泉普願章〉）

南泉全用否定法加以接引或指示，有時又相互否定：

師（南泉普願）為馬大師（馬祖道一）設齋，問眾云：馬大師來否？眾無對。洞山云：待有伴即來！師云：子雖後生，甚堪雕琢。

洞山云：和尚莫壓良為賤。

師洗衣次，有僧問：和尚尚有這個在！僧拈起衣云：爭奈這個何？（同上）

南泉是馬祖的弟子，馬祖的忌日設齋紀念，他問馬大師來否？在眾弟子不知如何回答時，洞山良价答以「待有伴即來」。意謂馬祖已「攝用歸體」，退藏於密，自不會來了；等待再出世，即有「伴」了，才會來到此世界；南泉的「甚堪雕琢」係稱讚之詞，洞山卻不接受而加否定：「莫壓良為賤」，意謂他是具有佛性的人，不是要雕琢的木材；南泉的洗衣，僧人指他尚有「這個在」，指的是還受污染，要加洗滌；南泉拈出衣道：「爭奈這個何？」受污染的是這有形的衣服。

座主。本蜀人也，頗講經論，因參馬祖，祖問曰：見說座主講得經論，是否？

亮云：不敢！

祖云：將什麼講？

亮云：將心講。

祖云：心如工伎兒，意如和伎者，爭解講得經。

亮抗聲云：心既講不得，虛空莫講得麼？

祖云：卻是虛空講得。亮不肯，便出。將下堦。

祖召云：座主。亮回首。

祖云：是什麼？亮豁然大悟，禮拜。

祖云：這鈍根阿師，禮拜作麼？亮歸寺，告聽衆云：某甲所講經論，謂無人能及，今被馬大師一問，平生功夫，冰釋而已。(同上)

類似這情況而開悟的例子頗多，馬祖的心講不得，在否定亮座主的「以心講經」，乃謂心、意識能描繪經論文字的解釋，不能宣明無形無相的「道」，「道」即無形無相，故而可虛空講得，亮「不肯」，乃否定馬祖此意。因為形而上的道、本體、佛心、佛性，都是超越萬有，不屬「空」、「有」，不落「凡」「聖」，而「空」「有」「凡」「聖」，卻成為相對的存在，只要論「空」論「有」，分「凡」分「聖」，便落入了「邊見」——一邊之見，違反了「有無一體」、「凡聖一如」的基本，故而問「凡」答「聖」，問「有」答「無」，使其由「有」知「無」，由「凡」知「聖」；這極為平常。進一步則用否定法，救其滯「空」滯「有」之失，如人天眼目所指：

> 凡語不滯凡情，即墜聖解，乃學者大病。

凡情易消，聖解往往難除，故《碧巖錄》云：

> 在孤峰者（聖）救令入荒草（凡）；落荒草者救令處孤峰。

禪人在發明大事之際，既無比的艱難，又萬分的喜悅，更戀戀於此聖位，難以做到如臨濟所說的「有佛處不得住」了，故而待宗師的「救令入荒草」。「孤峰獨宿」的聖位，是高高在上的，往往不屑於和無意於俯視、關切眾生，而起同體大悲，為之作救世救人的舟航，便成為不起作用的蕉芽敗種了；不幸的如因入聖而起了「傲慢心」——我是佛、是聖，看不起凡夫俗子，又起了分別心，則又會「百鳥啣花有禍胎」，就是已知道了你是聖而如百鳥的啣花供奉，也是「禍事」——會有不好的結果，因為分凡分聖，就不是一念不起，如如不動的絕對開悟境界，往往成為悟後迷，則墮入「荒草」——凡俗之境。所不同的不是滿圓地得大智慧而自主自由地回到凡境。故而要宗師「救令入凡境」，其難處恐怕不在「落荒草者救令入孤峰」之下，最大的可能是沈滯在此悅樂中而不知其失，或者是「孤峰獨宿」而不再行腳入世，不與人來往，更可慮的是傲然自足自恃，不再虛心受教；「救令」之法如何？就是要否定，破除此「聖位」的沈滯和傲慢，何況自居聖位的，往往不是聖者，例如孔子的弟子推崇他是聖人，孔子拒而不許，只承認他是學不厭、教不倦的常人。不居聖者而又不是凡夫，才是圓滿的境界，例如：

僧問趙州（從諗）：學人乍入叢林，請師指示！

州曰：吃粥了也未？

僧曰：吃粥了也。

州曰：洗鉢盂去。（見《指月錄》）

趙州以世俗之事寓向上一路，問此僧人吃粥了也未？是問他開悟了沒有？僧人回道「吃過了」，開悟了，趙州的「洗鉢盂去」，就是「救令他入荒草」，也是「解粘去縛」，不要被聖位、聖念綁住了。僧人言下大悟，因為吃了粥之後的鉢盂，總會有殘餘的粥渣粘粘搭搭，清洗了之後才能乾淨，如此才是開悟的徹底和圓滿，有了此瞭解方知船子德成指告開悟時的夾山道：「汝向直須藏身處沒蹤跡，沒蹤跡處莫藏身。」「沒蹤跡處」——正指聖位的「空」，入了之後即又要求其「莫藏身」，即不滯留聖位之意，而在囑其「落荒草」也。「在孤峰」與「落荒草」雖是聖凡之別，但不是絕對的二極端，由聖入凡，是獲得大智慧而來，雖「見山仍是山，見水仍是水」，但意義不同，如曹洞宗「五位」之中的「正中來」——由正位中轉身出來，此時於一切作為，均知落處，落在救世度人上，且無差錯。正如聖人孔子，他是聖人，仍生活在凡俗大眾之中，學不厭，教不倦，正是他的正確作為，以至於周遊列國，「轍環天下」，老而不止，就在求行其道。禪宗師正是如此抱負，如牧牛圖頌的入鄽垂手所云：「渾身固是混泥水，我此宗門要大開。」全身混泥水乃同於凡夫俗子的身份，為的是要大開宗門而為世作舟航，正如學好游泳技巧，是要入水作救生員，拯救落水之人，不是坐在岸上，看人溺水。這是原始佛教只顧自己的成聖之後，不滿其只自救自利，而興的菩薩思想。禪宗的救令入荒草，深入一層有此積極的作為之意。此一菩薩思想乃大乘佛法各宗派所共有，而禪宗的由體起「用」，起的即此用，不但更為積極，且生活更世俗化，開田勞作，生活雜務，無不親為。

以上的否定，是兩頭否定，落在凡俗，便否定其凡俗；落在聖位，便否定其聖位；擴而充之，即落在任何執著偏蔽之中，即就之而否定之，禪宗師用的最多，就發明大事而言，悟的少而迷的多，迷的程度不同，情況不同，悟也有未徹底之悟，故要以否定之法以除去其執著偏蔽，推而至於棒喝等，也多是否定的運用方式。此可謂之重重否定。而於參公案，則幾全用重重否定，淺而言之，即左也不是，右也不是；前也不是，後也不是；所有的思惟覺知都不是；甚至愚也不是，智也不是，非愚非智也不全是；如何而能如此？只有靠多重的否定了，以達「如愚如魯」的地步，引起、激發潛存的佛性、佛心，而如靈光之閃耀而發悟，且以前述的大慧宗杲之言為例證，由他多次的述說，相信應是他的開悟經驗。其參狗子還有佛性也無？州云「無」這一公案云：「只管提撕覺舉」，是不忘參此公案，不能不專注，不能

「走失」；「左來也不是，右來也不是。」便是否定掉所生起思惟覺知；「不得作有無商量」，這是參此公案時就文字的意義求瞭解的基本，被否定了；「又不得作真無之無卜度」，指的更高層地作「空無一物」，「真空不空」的本體上的「無」作「卜度」——揣測也不許；「又不得坐在無事甲裏」，連什麼都不思不作，也要否定，「又不得向舉處承當」，語句雖嫌含糊，應是不許向舉此公案處而尋求；「也不許作玄妙想」，應係趙州如此開悟了，問話的僧人也開悟，我也會開悟；不是重重否定了嗎？經過了這些，才能掃除「惡知」「惡覺」，與臨濟義玄的「逢佛殺佛，逢祖殺祖，逢父母殺父母，逢親眷殺親眷」的話，均係以否定之法，掃除佛祖的聖位和父母妻子的凡俗分別念頭，而「直得無所用心」，所以在棒喝之下，因為不起一念，才能開悟。參公案的重重否定，逼使諸念、諸覺掃除淨淨，到了「如愚如魯」的地步，才當下即是而發明大事。至於真的到了這種地步，能否一定開悟，仍需其他條件的具備，到不了這一地步，則無開悟之可能；其他開悟的方法，雖有諸般的機緣的逢緣悟達，但確乎要有「一念不起全體現」的條件，而參公案認為是有效而容易的法門，故信從者多，而大加提倡了。這實是禪宗師的經驗和智慧所創出的開悟方法。不宜誤解而加貶抑。

禪宗的求悟，在方法上變化甚多，由活法求悟，到公案的定法求悟，過程甚為曲折，但突破了佛教各宗派的一貫傳承；又公案甚多，宗師的開示，超越了邏輯的軌則，常被視為荒謬或奇特，但掌握以上的四大基本原則，雖不能達於「法法圓通」的全盤瞭解，但可思過半矣，能知其所指，不致茫然了。更是參究公案時的先行要事。

二、公案參釋的進行

禪公案是一條如智慧的死蛇，禪人的參公案貴在「死蛇活弄」，我們更要能「死蛇活弄」，才能得其開悟的指示和智慧，作形而下的器世界的方方面面的啟示和參考，所謂「他山之石，可以攻錯」。可是如真似幻的人生，密細如蛛網的事務，無涯無盡的各行各業和學術、科技，修心立身的行為取向，既非這宗教範疇的公案所可概括，尤非公案形成時的著意所在，很多是要否定的俗事、俗務，故而取法公案的智慧時，首先要認識自己的「心」「性」，亦如佛心、佛性對每一禪人的重要。

世俗的心性，在每一個人而言，重中之重的是潛能，人的潛能是多方面的，因而形成科技、行業、學術等等的多元發展，而「百家爭鳴」、百花以至「萬花齊放」，如果沒有某方面的潛能，就不要向某方面發展，所謂「吟詩恰似成仙骨，骨裏無詩莫浪吟。」以袁枚為例，他是詩文大家，對當時流行而又與詩文幾乎是連體嬰的詞、曲，從不沾染，其故在此。本具的潛能，一方面是測試而知，如今時的智力測驗；一方面是自己多方面的嘗試，使外在的事務能引發；本具的潛能，也有自行顯露的時候，往往在性之所近的興趣愛好上，潛能的能發露，貴在有此理念的引領，方能自發自悟，如植物的種子，具有生起的能力，只待外在環境事物的引發，以禪宗的基本觀念而言：「人人可以成佛」。世人只要引起、激發了自己的潛能，「人人可以成專家」、「專業人員」，依禪宗的開悟而言，專家、專業的潛能發揮了、圓滿了，也就是悟達了。每個人的潛能不同，在向下一路的世俗中，是基於理性發揮的「思而知，慮而解」的「解悟」，在學習上能傳道授業解惑，進而就「心之所向」，業之所專，成為學者、專家；甚至對某一問題的懷疑和研究解決，都要「思之思之，鬼神通之」。這一「解悟」的總結果，就是思想的積果，學術的形成，科技的開創等等，至於基於感覺潛能的發揮，除了環境的認知，滿足了生活、生存的種種外，可顯見的，就是種種藝術的開創，聽覺潛能極度發揮的結果，往往是音樂家，視覺潛能極度發揮的結果，往往是畫家、飛行家家等，正賴於用功不懈的「證悟」，「人一能之己十之，人十能之己百之」。如修行的工夫，在以某種感覺潛能為主的條件下，一層層地突破，累積了經驗，在同一技藝上，悟達到其他人所不能到的境界或成效，聲樂家的專練，體育家花了多年的功夫，只求在分秒或短暫時刻的表現，即是綜合了由工夫而形成的證悟，以達成其目的。而且此理性和感覺又相互為用，相輔相成。我們正要以參公案的精神和其獲得的智慧，以獲得「解悟」和「證悟」，而有輝煌的成就，譬如參公案時的甘心蒲團、坐臥不忘的專注；昨死今生的意境突破等等，我們不需要嗎？

以上的準備，全是心理上的，也是對禪人求悟理念和原則的基本瞭解，於是在研究和選釋禪公案時，才能掌握綱要而無誤差。

三、禪公案參法的取用

純就禪人的求開悟而言，參公案是力求以他人之悟，而開己之悟。所以我選釋禪公案通於世俗時，亦係如此。所差別的是我們不是成佛，而是由「解悟」、「證悟」以成科技、學術、行業、藝術上的專家，上升而超凡入聖的大師，「生面果然開一代，古人原不佔千秋」。前人多認為學與思與用功不輟便能達成，但到了最高境界，往往是功夫不能的「力竭」，思辨不能通的「智窮」，至此「山窮水盡疑無路」之時，只有開悟才能繼智與力之窮和智與力之後，而「柳暗花明又一村」，王陽明先生立志成聖，由《大學》一書的格物致知著手，循著朱子註釋的方向——即物窮理，於是以打坐靜思的方式，「格」亭前的竹子，結果累病了，失敗了，甚至斷絕「作聖」的念頭；其後貶到貴州龍場驛，方豁然開悟，創出了致良知，並以之解釋大學的致知為致良知，格物為格其心之物，格其意之物，較之朱子的註釋更進一層而合乎理。他的致良知四句話頭：「無善無惡是心之體，有善有惡是意之動，知善知惡是良知，為善去惡是格物。」宋明理學至此推擴到了新的境界，認為陽明先生開出了一路作聖之路。後人多認為是禪的影響所致。個人認為在思想上受禪宗的佛性、佛心的闡述，應有某種影響，但實際是陽明先生解悟的結果，因為有了體用的觀念，而全然落在哲學思想的層面上。在藝術、行業上，由功夫而導致的「證悟」，更不知凡幾，音樂家不斷地練唱，鋼琴家不輟地彈奏，大陸一位跳水而得奧運金牌的選手，十六年的苦練，就在表現完美的奪牌一秒，如此才體會到了跳水姿式如何才完美？如何才能在表演時的絲毫無誤，不是由功夫以達證悟而成功嗎？所以我們要存悟的理念，作為引領，再繼之以禪人參公案的方法，形成個別的開悟方法，功夫才不至浪費，而能落實、收效，得到成功。

禪人於公案的參求方法，前已摘引了博山和尚的參禪警語的二十項要點，雖僅注重激發疑情和消除疑情以生悟解，但已是由前人和自己的經驗相結合而揭示學人的方法。我們相信向上一路和向下一路的開悟必然不同；但在潛能完全能引發的前提下，均會產生悟的效果，也許成佛、成學、成藝仍有差別，但其成功是一致的。在世俗的成功案例中，每一個人、每一學、藝上的專精的個案，都會為所知的人所嚮往、所效法。所以我們可以用人生事業的開創，每一問題的解決，取參公案得悟的案例，得出自己方方面面的「理解」或「證悟」，將「開悟成佛」，比之於創業成功，或現有科技學術等等前所未有的突破，而等量齊觀，不是其成一也嗎？尤其在參公案而參成就眾多的開悟者之後，他們一致的方向，共同的方法，尤應重視，形成「取經」的效應，重視此多人和多個成功的案例。我們將此「向上一路」與個人的「向下一路」的方法結合，得出完整而有效的方法，尤極為寶貴。結合二者，論究其義如下：

㈠信念的引導：發明大事是禪人的一致信念，常稱之為「這個」、「個事」、「大事」。可比之於世俗的立志或理想，所不同的是世人的立志，有千差萬別，因外在的因素，常在改移，於是有「君子立常志，小人常立志」的諺語，如果常常立志，往往失去信念的引導，永遠在開始，永遠在嘗試，而無堅持的可能，而且常常遇難而止，於是蹉跎歲月，「有志」難伸。真要藉禪人以發明大事為一生信念的堅定和勇決，而立「常志」，如舟之有舵，方不致飄流放蕩。

㈡凝住與用功：禪人參一公案，不分公案的難易，在由宗師給予之後，往往坐上蒲團，凝住精神，收住雜念，在公案上參求廝磨，行住坐臥，莫之或忘，有人封被二年不倒臥，做到「十二時中，莫令有間；四更起來，便摸索話頭，頓在前面；略感困睡，便起身下地，也是話頭；行時步步不離話頭；開單、展缽、拈匙、拾筯、隨眾等事，總不離話頭。……❶」真是「行亦禪，坐亦禪」，集中了精神，凝住意志、心力，在參公案。而且不是一朝一夕，要用功到開悟為止。可謂精誠所至，金石為開了。我們在世俗事務之中，為求解決問題，或術業的專精專工，要如此凝住精神，功夫做到如此地步，必然如大學一書所云：「雖愚必明」。就是必然開悟了，獲得成功。

㈢遊方與廣參：禪宗雖分宗派，但其行腳掛單，卻彼此往來，有的機鋒互逞，較量開悟所得，而初學最主要的是求得宗師的開示，得一言半語，如燈之破暗，已徹悟的禪宗師，往往就其舉措言語，探出其造詣，就其所見的弊病，應病與藥，常見的是指出所參公案的不到之處，或著其換參另一公案；見其執著的不當，便引導其「解粘去縛」，如滯凡情，則使其起聖解，不使落在一邊；見學人有了阻塞，便「抽釘拔楔」，助其掃除障礙；如語話投機，便當下收效；苟能恰中缺失，不能當下契悟，則往往中心藏之念之，豁然明白之後，再往參回報；這種廣參博訪，當然有禪人相互間的資訊傳播，多慕名前往，而顯示的是學無常師的精神，不會拘拘於一先生之言。而宗師長老不但不會不加以責怪，反而多方鼓勵，主動命其往參某禪師。在世俗的校園中，和求師學藝的師生間，真要有此見識與胸懷，方能真正地做到「道之所存，即師之所存」。日本不重長期的留學，而短期的國外遊學、國內遊學則甚風行，應係受此一行腳廣參的影響所致。

㈣懷疑與決疑：禪人在發大心、立大願，要發明大事之後，可謂有了絕對的信念和自信，要超出凡俗，脫離煩惱，得大自由。可是卻隨即要激起疑情，作多方面的懷疑，豈非自陷矛盾？尤以參公案時為甚。因為向上一路的「大事」，非見聞覺知所能到，而且開悟又如蚊子上鐵牛，無下嘴處；逢緣悟達的活法得悟，最會引發的懷疑是「他人能夠，我能夠嗎？」「他人能夠，何以我不能夠？」在小悟數十回，大悟幾回之後，行腳參訪宗師時的答話，往往是吃棒有份，為宗師所否定，不能言下得悟，往往懷疑是否自己錯了和錯在哪裡？參公案時的處處激起疑情，然後自己一一否定，期達不疑之境，故有「不疑話頭，是為大病」之語。因為懷疑正如自己的心境有似石板裂了一條縫以通氣透水，才能觸疑生悟，觸境生情，所謂小疑則小

❶ 高峰原妙、元代禪宗師、《續藏》有高峰大師語錄，此見鈴木大拙〈論禪悟〉所引。

悟，大疑則大悟；疑有十分，悟有十分，因為不疑則不悟，如見桃花之開，不疑桃花何以能開？桃花開花之外，便無其他了嗎？如此能有開悟的可能嗎？治學處事等，尤貴懷疑以發現問題和疑難之所在而解決之，最明顯是牛頓因見蘋果墜落，不向左向右，何以向下？發現了萬有引力──蘋果的落，是受了地心吸力的影響；瓦特看見燒開水時蒸汽衝開壺蓋，知道水蒸汽力量的巨大，進而發明了蒸汽機，掀起了產業革命。比較而言，治學處事的懷疑，較為容易，因為可疑其理由、證據、過程、結果等。疑問的解決，往往是真相的顯露和問題的解決，豈不同樣可貴。誠如朱子所說：「蓋疑者不安於故，而進於新者也。」可見懷疑的重要，因為是決疑的先決條件。

㈤機緣與開悟：禪宗活潑的宗風，逢緣悟達的活法開悟，這一宗風在五宗二派的傳承上，大放異彩，北宋之後，臨濟獨大，曹洞差堪追隨，至默照禪、看話禪形成之後，當然呈下落之勢，因為以後禪宗的各宗各派，幾乎統一在此二種求悟的禪法上，但重機緣和重開悟的基本精神，並未喪失。以看話和參公案而言，並未放棄行腳參訪，其主要的著眼是：久居一地，獨守一師，而求悟未悟，甚至應悟而未悟，則係你的機緣不在此，故而自動行腳他方，或老師指點往參何人？雖有另求宗師指導之意，尤更具另得機緣引發其開悟的殷切期望，據《景德傳燈錄》和《五燈會元》的重要燈史所載，因而在行腳途中，或另得師資引導，而得機緣引發而開悟的，事例繁多。即使默照或參公案者，促成其開悟，往往是走下蒲團，離開話頭，因外在情景事物引發的為獨多。因為蒲團上、公案中，不會有活潑機緣的觸發。世俗之中，常在事業陷入困境，問題眼看難以解決之時，有外力外緣的相助和引發，常見的是「有貴人相助」，或遇上了改變命運的人，如近代人物中駱秉章與左宗棠，曾國藩與李鴻章，尤其是曾國藩與太平天國的軍隊交戰，曾三次兵敗險險要自殺的危急關頭，湧出了鮑超等救軍，得以轉危為安，所以他才說：「不信書，信運氣」，正為機緣作了明證。與禪人相較之下，只是少的是開悟而已，但不是不要機緣。

㈥保任與起用：「參須實參，悟須切悟。」這是禪人的共同觀點。在開悟之後，必經宗師和長老的多次勘驗，問的問題，似乎漫無標準，如趙州所問的「吃粥了也未」？但徹悟了的人，往往神色、語默、舉止，會全然與以往不同，與「未開眼者」的大異，而且會知道勘驗、問的話落在何處？而其答話，又一一皆自胸中流出，不會在典籍中找到答案，也不太可能販賣他人的語言，所謂「鸚鵡學舌」；以公案之書「碧巖錄」為例，是「威權」之作，佛果圓悟所撰述，卻為其弟大慧所焚棄，因為成了以未悟為已悟的禪人竊取而當勘驗的答案課本，卻又被發現。這當非一人一例，不然弟子不會焚棄老師的此一典籍。開悟了，徹悟無餘了，不是太平無事，如洞山所說：「日日是好日」。可能因為所悟的程度、境界不同，而要經過一段「保任」的階段，簡而言之，即保護所悟，隨順而不使迷失，大約如文學家的靈感來時，有神來之筆，要振筆直書，不能任其「滑過」。沒有這一「保任」功夫，可能會悟後迷，如洞山所云：「破鏡不重照，落花難上枝。」這位宗師在回答如何「保任」時道：「如經蠱毒之鄉，一滴水不得飲。」相信這些都是他的經驗之談，至於如何落實，由問話者不再追問，應是徹底明瞭這「保任」之法。個人認為當此人與道合時的大悟，是到達了絕對而超越的地步，不能立即再入凡俗的思惟覺知的分別對立中，如善惡、是非、凡聖、人我等等，便破壞了絕對而超越的境界。故禪人開悟之後，幾無直接說出所悟得的「這個」是如何？一方面是描不成，畫不出的說不出，一方面是不能起心動念破壞了這一絕對而超越的境界，如花之落，鏡之破，形成所謂的「落草」，而嚴格到「如經蠱毒之鄉，一滴水不得飲」的程度，故不敢說，不可說。大概所悟「保任」到了不會走失的時候，才算功行圓滿，而到了由體起用的階段，「若無個事掛心頭，便是人間好時節。」心中已無佛與非佛，悟與不悟等等的分別，不但是好時節，而且有悟得的智慧作行為的引導，既不會有以「盲」引眾的錯誤，又能「從心所欲不逾矩」。不會被世俗、業力所污染，於是從體起用，由擔任宗師所派的工作，成為助手，到自己披衣上座，根據開悟的經驗和所得，說法接引其他未開悟的禪人。而不許作自了漢、不起作用的蕉芽敗種。直到功行圓滿，才「退藏於密」而辭世。世俗諸多的發明，不是開悟了，即成功了，陽明先生頓悟致良知，其思想體系的完成，不是一悟即成的，個人以為四句話頭，也不太可能是悟即得即能說的；瓦特的發現蒸氣，到蒸氣機的發明，更是多歷時日；今天的科學由原理至程式，至應用，其實驗的過程可省嗎？比之於「保任」，其歷程和作用，並無不同。明白了這些，便事理洞然明瞭，公案和禪宗師的著語，正有此一類。故選取釋說，以作參考。

以上方法的綜述，由今時的標準作為衡量，也許說是原則，不太認為是方法。

然就由體起用而言，方法是由原則所出、所生，方法可以包涵在原則之中。在我們傳統的觀念上，方法有時、空、人、事、因素等等的不同，難講一定而詳盡的方法。何況宗教與世俗有一定程度上的落差，禪宗的「教外別傳」和「以心傳心」，更有其神秘處。就參公案的方法而言，很多宗師以自述的方式，有了很多的「泄漏」，但仍是原則性的、經驗性的，何況「發明大事」，常係不存「軌則」——即無合轍而一定的法則之意。故而求悟的方法，在無方式、方法之中，僅能歸納提出了這些，深有無奈之感。

陸、禪公案選釋

一、公案選釋的著眼

公案興起之後，顯然是禪林的風潮，如學術界的顯學。就開悟而言，是發現了一條最為可靠可信的作聖成佛之路，比之用棒用喝，真是不失僧家威儀，故傳承至今，尚無新的方法取而代之。令人奇怪的，公案之書，明顯地缺乏系統和分類，也許是「大用現前，不存軌則」。不需要這種「呆板」而又執著的方式；最可能的是受師資派別和自己參究經驗的影響，而自由地拈取揭示。現今加以研究，則可以用系統化和分類的觀點，加以選擇；又以選詩選文而略其蕪穢，集其菁英的著眼，而加以選擇，尤其是有助於世人生活所需，成學成藝等等的智慧引導，我們更應尋獲這些，使之煥發光焰，如照明破暗的燈光而起其作用。也許經過這樣分類選取，形成系統之後，將如熠熠明星，橫亙天際，而如銀漢天河的顯閃。可能有人認為每一則公案，都是禪宗師的智慧，由其胸臆流出，有何蕪穢？但由某些公案的未受重視、未被拈參而言，已是被沈澱廢置的「蕪穢」；何況又有厥義難求，難有啟發的一類，也可視同「蕪穢」了；何況選取上的「蕪穢」，是就眾多公案的比較而言，並無菲薄之意；也許如選詩選文一樣，雄文佳章，可能見棄於拙目，所幸前人於最佳的公案之書如《碧巖錄》、《無門關》、《空谷集》等，已做過篩檢的功夫了，這些典籍，成了重要的依據。筆者希望選取的公案，如《碧巖錄》所云：「一機一境，一言一句，且圖有個入處。」在禪人而言，是發明大事有個入處，如蚊子上鐵牛，居然咬了個洞，登上無縫塔，竟而得了縫；就現時而論，是禪人的語句和公案的智慧，入乎心中，則言傳之餘，不必解釋了，事實上實無可能，以其近於有字天書。筆者的著語，是秉持著自己的理解，綜合古哲的提示，而闡明其深層的，或隱而未彰的內涵，作為一種引導。個人能保證的，不會以盲引盲；所不敢保證的，可能佛頭著糞，在羹湯中添了老鼠屎。就言語釋說的不能起作用而言，就是鼠糞；不必說而說了，也是鼠屎。但是以文字語言的說破為鼠屎，則禪宗家家都有。如果以「至道」說解便是污染，可是古德見道：「實際原來不受塵。」也不怕鼠屎的污染，也不能污染，更能容受這些污染。

二、參得最多的公案——狗子無佛性

狗子無佛性——「無」：這一公案，流行於禪人之間，不但知者而參之者眾，至今猶在參，可稱得上禪宗第一公案。發生於趙州從諗的答話：

僧問趙州：狗子還有佛性也無？

州云：有！

僧云：既有，為什麼要撞入這個皮袋？

州云：為他知而故犯。

又有僧問：狗子還有佛性也無？

州云：無！

僧云：一切眾生皆有佛性，狗子為什麼卻無？

州云：為伊有業識在！

趙州從諗為南泉普願的弟子，以住河北的趙州之觀音院而名趙州，《景德傳燈錄》卷十說他示寂於唐昭宗乾寧四年（西元八九七年），享年一百二十歲，據此上推則生於唐代宗大曆十三年（西元七七八年）前後，「師之玄言布於天下」。有趙州錄二卷。此公案的拈出，見於無門慧開的《無門關》第一則。此書的印行已在宋理宗紹定元年（西元一二二八年），可謂年代久遠。《無門關》只錄了趙州答話的後半節，所參的是一「無」字，看來與此書「無門關」的得名，大有關係，無門而有關，豈不矛盾而奇怪嗎？他說：

參禪須透祖師關，妙悟要窮心路絕。祖關不過，心路不絕，儘是依草附木精靈。且道如何是祖師關？只者一個無字，乃宗門一關也，遂目之曰禪宗無門關。透得過者，非但親見趙州，便可與歷代祖師，把臂共行，眉毛廝結，同

一眼見，同一耳聞，豈不慶快！（《無門關》）

顯見彌衍宗紹拈出趙州答話的用意，而且著重只是一「無」字；其所謂的參禪，實即參此公案，重點也在參透此一「無」字；「無」字有何難透？依世俗的知識，把字書所有「無」的解釋、成語、典故等等，一併羅列，窮究此一無字的意義，雖不容易，然而也非難事；可是其所要求的，乃與此背道而馳，乃是由此一「無」字，而求得妙悟，「妙悟要窮心路絕」，指的是無思無慮，無知無覺，一念不起，「內外如木石，不動不轉；內外如虛空，不塞不疑；……（《黃蘗希運·傳心法要》）」達到了這心路窮絕，便得妙悟，如是便透過了祖師關，更何況趙州？能參此無字到這一地步，有何關不過？更無關不關的存在了。參此「無」字，一在功夫，一在疑團，他又云：

莫有未透關的麼？將三百六十骨結，八萬四千毫竅，通身起個疑團，參個無字，晝夜提撕，莫作虛無會，莫作有無會，如吞了個熱鐵丸相似，吐又吐不出，蕩盡從前惡知惡覺，久久純熟，自然內外打成一片，如啞子得夢，只許自知，驀然打發，驚天動地，如奪得關將軍大刀入手，逢佛殺佛，逢祖殺祖，於生死關頭，得大自在，向六道四生中，遊戲三昧。且作莫生提撕，盡平生氣力舉個無字，若不間斷，好似法燭，一點便著。（同上）

其所說即重重否定，不許有見聞覺知的存在，此乃所謂蕩盡從前惡知惡覺之意；而且要「久久純熟」，指如此用功，如此參去，沒有時間的限制；到「自然內外打成一片」，語意不十分明確，似指用功的程度，外參的「無」字公案，與本具的開悟潛能，結合為一，即驀然開悟之時；「驚天動地……」乃發明大事後的比喻式的敘說。我們相信，這應是他自己參「無」字公案的實際經驗和因而開悟的過程之具體說明，與大慧宗杲的看話禪的參禪原則和方法以及成效，只有言說上詳略的差異。可注意的是彌衍宗紹為臨濟宗的楊岐派，而大慧宗杲則為黃龍派；《無門關》一書大約早於大慧之書約十年左右，似無相互影響之可能；如果大慧的看話禪出於彌衍宗紹的影響，則一定會引述其言句，如趙州的「無」字話頭；可是這一公案，卻為無門開慧最早拈出，是否影響及大慧，則難以確知，然得二人之提倡，及參法之開示，似均由此得悟，故而風行。

依學術的研究，趙州的答僧人狗子有無佛性，同一問題，一答「有」，而另一答「無」，雖然前後矛盾，然由語言而求其意義，則仍能明白：佛性遍周沙界，眾生皆有，狗子亦有佛性，是無問題的；至於何以成為狗子？趙州的「為他知而故犯」，似於理有礙，因為雖是狗子，仍有佛性；其深一層的意義則係，狗子知有佛性，而不能使之開悟，故總是狗子，人知具有佛性，不能因而開悟，仍是凡夫，與狗子具有佛性而是狗子，並無分別；至於狗子的無佛性，趙州答以「為伊有業識在」，是指業識淹沒了佛性，雖狗子的佛性本具，亦同沒有，人的佛性，亦如狗子的「有業識在」而同於無，僧人不再質疑提問，當係瞭解此意。宗紹和大慧的如此參法，基本上是知道了這些，然後再生起種種的疑情，而又一一否決，以達到「妙悟要窮心路絕」而開悟，參此公案如此，參其他公案亦復如此了。準此，則有此一公案已足，何必廣參其他公案呢？恐亦機緣不在此公案，故而轉參其他公案了。

每一眾生都有「佛性」——都有此一潛能，是無問題的；而因基因的不同，潛能因而有或大或小，和多種多樣之異，所以無論教育、經驗、種種的刺激和嘗試，都要開發這本具的潛能，以發明形而下的大事，以成就一生，更不能不覺察潛能的自發性。任何智慧感覺的大異於常人，即係某一潛能的具有，我們可以考慮這一公案「蕩盡從前惡知惡覺」的精神和原則，不致力於與此潛能相反的事務技藝，而凝住心意，集中力量，多方用功，使此一潛能完全開發，而徹悟至此潛能的事物技藝方面，以超出常流，而成出類拔萃；如果沒有某方面的潛能，甚而誤認為有，以這公案的原則，死參用功，很可能是禍事，而為精神分裂者，或白日夢者；雖然如此，也不必太耽心，若根本無此潛能，則往往無此性向。此外我們會經常面臨或大或小，或難而又極複雜的問題，而待解決時，則應以參此公案的精神，將此一問題產生的過程和結果，明面暗面，多種因素，正面反面，由淺入深，由近及遠，而層層分析，面面探思，把握關鍵，剖釋疑難，使之真相顯露，或由思、或由悟，而得出透切的、整體的解決之道，其時則與此相關的一切，都不是惡覺了。能如此，差堪得此公案的智慧了。

三、不必參究的公案

每一公案都經過拈出、著語和參究的過程，雖然可能有宗派不同，地域有別，祖師機緣不一等等的情況，形成了公案的受重視的程度不一，甚至隨時興替的現象。可是均應視作堪發明大事。但卻有現今不必參究的公案，其情況甚為特別。如下述的諸例：

僧問趙州：承聞和尚親見南泉，是否？
州云：鎮州出大蘿卜。（《碧巖錄》卷三）

僧問趙州：萬法歸一，一歸何處？
州云：我在青州作一領布衫，重七斤。（《碧巖錄》卷五）

僧問洞山：如何是佛？
山云：麻三斤。（《碧巖錄》卷二）

這三則都是有名的公案，表面上悖理無解，實際均機鋒暗藏。以上述的第一則公案而論，問話僧人當然知道南泉普願是趙州從諗的老師，親見南泉乃不必問、或多餘之問，然而竟如此問，乃謂親見南泉開悟的真實，是否如此？是否得其秘密傳授？趙州答以「鎮州出大蘿卜」，乃落在實況上，謂此一事實，人人皆知，更無秘密，亦無秘傳。同樣的公案有：僧問九峰，承聞和尚親見九峰來？是否？山云：山前麥熟也未？謂開悟了，正如山前麥熟了般的自然，有何秘密？

第二則僧問「萬法歸一」，謂現實世界萬事萬物的發生，都歸於「至道」、「本體」的「一」，此一即一切。然而「一」又歸到何處？以佛禪之理而言，此問可有很多的答案，趙州可拈起拄杖以代表一，「一」就在這裏；或劃一圓相（圓圈）以代表一，「一」就在這裏；更可以「一切即一」，「一」就在萬法中；或默然良久，表示此「一」的不可說；或打他一杖，不許作「多口阿師」等等；趙州不用這些，乃問聖以凡對，以「我在青州作一領布衫，重七斤」。如果我們是問話的僧人，必然目瞪口呆地怔住了，此即宗紹所謂以此答話，當下蕩盡其惡知惡覺，而驀然開悟。雖然未產生這樣的效果，但趙州的接引之意，應係如此。洞山良价的「麻三斤」的答話，更為轟動，因為他是曹洞宗的開山祖師。其實他的答語，涵義一如趙州的布衫重七斤。《碧巖錄》綜述當時禪人的知解道：洞山是時在庫下秤麻，有僧問，所以如此答；有的道：洞山問東答西；有底道：你是佛，更去問佛，所以洞山遠路答之；死漢更有一般道：只這麻三斤便是佛（《碧巖錄》卷三）。以上四種解說，均執句求意，均非洞山答話之旨，圓悟云：「你但打疊得情塵意想得失是非，一時淨盡，自然會去（同上）。」

即蕩盡惡知惡覺，而當下得悟。公案之中，此一類頗多，如趙州從諗答僧問「如何是祖師西來意」道：「庭前柏樹子」。又清源（原）行思因僧問「如何是佛法大意」？他答道：「廬陵米什麼價」？

這一類純為引發開悟的潛能而參之在世俗向下一路的事務和技藝中，即使多方參究，縱有多種見解領會，亦難悟出什麼，因為我們要的是針對問題或實際，有啟發、有方法、有原則、原由等等，至少是有意義的語言。因而得到啟示。故此一類不必參究了。我們必然得不到「妙悟要窮心路絕」的妙悟，因為在思惟知覺的情況下，只能知其無理，絲毫起不了「心路絕」的作用。更何況我們難於用功參此公案到那如癡如狂的程度，參之也不會起作用。相反的，我們在求禪人所謂「惡知」「惡覺」的知識，故更不能參這些。

四、顯示悟境的詩偈公案

禪人經過了修持參學，一旦機緣巧合，發明了大事，心開頓悟，立即由凡而聖，其喜真如貧人得寶，學子的白衣拜相，其難度尤有過之，更為禪人所欽慕嚮往，其成為公案，勢所必然。而且開悟的經過，表示開悟所得的智慧語句，會使我們欣然體悟而有所得。故而特加注意。

㈠洞山涉水開悟

洞山良价乃曹洞宗的開山祖師，他與其弟子曹山，共創此宗，曹山的曹與曹溪相同，曹溪為六祖慧能的道場，故後因尊此曹字而移於洞字之上，莫明其妙地稱為曹洞宗。洞山為雲巖曇晟的弟子，因過水而開悟，此前辭別雲巖時，有下述的對話：

師（洞山）辭雲巖，巖曰：甚麼處去？

師曰：雖違和尚，未卜所止。

曰：莫向湖南去！師曰：無。

曰：莫回鄉去！師曰：無。

曰：早晚卻回！師曰：待和尚有住處即來！

曰：自此一別，難得相見。師曰：難得不見。

臨行，又問百年後忽有人問，還邈得師真否？如何祇對？巖良久。曰：祇這是。

師沈吟。巖曰：价闍黎，承當個事，大須審細。

師猶涉疑。後因過水睹影，大悟前旨。有偈曰：

切忌從他覓，迢迢與我疎。我今獨自往，處處得逢渠。渠今正是我，我今不是渠。應須恁麼會，方得契如如。（《五燈會元》卷十三）

上述的對話，顯示了洞山已曾開悟，仍未能自信或徹悟，故雲巖囑咐他「大須審細」。所以這一段師徒臨別的寒暄，實寓有叩問、開示的深層意義，最明顯的是洞山在臨行之際，竟問雲巖他死後應如何「邈得」他的「真」，合情理嗎？實際上是問如何描述雲巖的「道真」——悟道所得或所達的境界；雲巖的良久，即默然良久，意謂不可言說，並加上一句「祗這是」，他的「道真」就是如此，可見所有的話都寓有機鋒（請參閱拙作《禪學與唐宋詩學》〈第三章 開悟詩〉）。可是洞山的偈詩並未形成公案，而「還邈得師真否」？倒成了公案。又洞山和師侄輩的神山僧密渡水時——洞山云：「莫下錯腳！」神山僧密道：「錯即過不得也！」洞山云：「不錯的事作莫生？」神山道：「共長老過水。」也成了公案。因為洞山的偈詩，不但甚有開示，而且深有禪理、禪意可求，達不到「蕩盡惡知惡覺」的目的，但就能言說而言，實是最佳公案。洞山的徹悟，不是在老師言語誘導開示之下，而是過水見到自己的影響而大悟了，在禪人之中，是尋常事，乃外在的機境，引發了潛能——佛性所致，連佛陀也是打坐四十九天之後，看見天際的明星而大悟的；洞山開悟後的偈詩，有了透露：「切忌從他覓，迢迢與我疎。」說明了開悟是自己的事，僅能自求，不能外覓，外覓包括了典籍、師資等等，以至祖師的保祐；他求的結果，會與我愈離愈遠；正如我在渡水的時候，隻身孤往，便處處遇到了「渠」——自己的影子，代表了開悟的佛性；「渠今正是我」——人與道合，正如現在的影子就是我；

「我今不是渠」，我現在還不是「它」——代表至道的影子，因為仍有形體的存在而有了局限和不同；要這麼的領會，方得契如如的至道。

這一偈詩，全從開悟的過程和體領的意境而發，似乎淡而有味，也無玄言奧語而實玄妙。這則公案啟示了我們，人有內求與外求的基本差別，孟子云：「趙孟之所貴，趙孟能賤之。」明白地告訴了我們，自己不是趙孟，而外求趙孟以得富貴，當然是外求，而且要有時、空、關係諸多的條件相配合，才有從外求到的可能，然後最重要的是得到趙孟的喜歡、信賴，才能得到富貴了；可是得到了之後，仍然有失去的危險，趙孟不喜歡你了，連帶地也失去富貴了，所以外求不能真切得到自己的東西。如果是內求的，如成藝成學，成品成德，當然也有從師取友的外求之時，但是一味外求而從人得，到最後便會與我愈來愈遠；所以要悠然孤往而從己作切貼心源之求，則每處每處都有，都可發現，所以不要「道在邇而求諸遠」。「內求」是一切事物的基本，而且「內求」成功了，很多時候，「外求」不期而至，不求而成，如孟子所說的修其天爵，以要人爵；「內求」的極致，往往是智慧的突破和獨得，無論思想上的「理解」，功夫上的「證悟」，到了言議所不及，連自己的思考、作為都力有所不逮的時候，只有來自突然的開悟、徹悟才能奏效了，所謂「思之思之，鬼神通之」，就是最好的說明，在極盡思考這一問題、某種困難之後，得到解決的方法或智慧了，真正有「鬼神通之」的奇蹟嗎？而是如「鬼神通之」的悟產生了，世人嘖嘖稱道的「空城計」，用思考的功夫能得到嗎？當然是要以「思之思之」為前提的，可是這一兵法上史無前例的妙計，可惜當時無人請問諸葛孔明是如何而得到的？個人認為是思索無功之後的突悟而得到的，因為司馬懿大軍壓境之下，既不能戰，也不能逃，以微弱的兵力守城，只有自暴其短，加速敵人的進攻，諸葛公必然思考了，也否決了這些，最後得出這行險的一招了。其後城樓撫琴，老兵在城門前的打掃，則是配合此計的方法了。如果司馬懿是一莽夫，又未屢受諸葛先生的挫敗，也不深知「諸葛一生惟謹慎」的話，必然入城而活捉之，改變了這一戰役的結果和影響。這一公案，我們要能參究出這些。「悟」有以繼思之窮，更是本具潛能的激發，所以對某種疑難，不能輕言放棄。

㈡香嚴擊竹開悟

香嚴智閑，是溈仰宗的大師，他的禪悟，直接影響司空圖的二十四詩品❶。以後因他住河南鄧州的香嚴寺，故稱香嚴智閑，他的擊竹開悟，過程頗為曲折，而且受到勘驗、證明他的悟境。智閑本參百丈懷海，後參溈山靈祐，與仰山慧寂為同學，溈山、仰山，合稱溈仰宗，道場在今湖南寧鄉。

溈山問：我聞汝在百丈先師處，問一答十，問十答百，此是汝聰明靈利、意解識想。生死根本、父母未生時，試道一句看？

師被一問，直得茫然。（《五燈會元》卷九）

香嚴在百丈處能問一答十，其答話是「意解識想」方面的常識性問答，在溈山只答生死根本、父母未生時的一句，不但要從自己的胸中流出，而且是超世俗、超

❶ 關於司空圖思想方面之影響，筆者撰作《禪學與唐宋詩學》時，發現司空圖有〈香嚴長老贊〉，有「大師之旨，吾久得之」之句，又二人時代先後相接，殆因研究者不知香嚴長老為何人，而不知其受香嚴之影響至深。

知解的形而上的問題，香嚴在未有實證實悟之前，故而茫然，更不知如何回答了。於是有了下述的發展：

香嚴歸寮，將平日看過底文字，從頭要尋一句酬對，竟然不能。乃自歎曰：畫餅不可充饑，屢乞溈山說破。山曰：我若說似（示字的假借）汝，汝已後罵我去，我說的是我的，終不干汝事。（同上）

香嚴在文句上找尋答案，自然無功，「畫餅不可充饑」。是他未曾開悟，不能答此真實的問題，由文字所得的，只如畫餅；而溈山的不肯提示答案，亦寓有此意，他若用文字解釋了，也是「畫餅」之一，不是香嚴從自己肺腑中流出的開悟，也相信香嚴能開悟，屆時欲益反損，會責怪溈山的「多事」，反而增加了某些阻礙。至少是「言語道斷」的知解障。而且他提出了要點：「我說的是我的，終不干汝事。」溈山如果說了，是溈山自己的、或所悟得的，不但與香嚴無干，香嚴縱然懂得了，甚至能運用，也不過鸚鵡學舌而已。在這無奈的情況下，香嚴才逼而走上自得的開悟之路：

師將平日所看文字燒卻，曰：此生不學佛法也，且作個長行粥飯僧，免役心神。乃泣辭溈山。直過南陽，睹忠國師遺跡，遂憩止焉。一日芟除草木，偶拋瓦礫擊竹作聲，忽然省悟，遽歸沐浴焚香，遙禮溈山，贊曰：和尚大慈，恩逾父母，當時若為我說破，何有今日之事。

乃有頌曰：

一擊忘所知，更不假修持。動容揚古道，不墮悄然機。處處無蹤跡，聲色外威儀。諸方達道者，咸言上上機。(同上)

香嚴經此打擊，放下了「惡知」「妄覺」的包袱，渾渾噩噩地踏上了無知無求的遊方旅途，在可能是義務勞作之時，拋丟瓦片石塊，撞擊竹子有聲，引發本具潛能的佛性而徹悟了，有了這種背境的記述，這首偈詩，已不難瞭解：在瓦礫擊竹作聲的剎那，我忘記了思想覺知，全然開悟了；才明白這是不用修持用功而得到的。「動容揚古道，不墮悄然機。」意謂我充滿欣喜、飛揚地走在古人同一開悟的路上，也不落在悄然無能言說的機境上；「處處無蹤跡，聲色外威儀。」這才是開悟後的智慧語——無上的至道，充存於每一處、每一所在，但無形色形象等蹤跡可見；但於聲色蹤跡之外有「威儀」的顯露，而能感會得到；細細領會，方知其也回答了「生死根本父母未生時，道一句看」的問題；這才是諸方的開悟「達道」之人，都說這是上上的機境。此偈呈到了溈山之後，又引起了勘驗的餘波：

溈山聞得，謂仰山曰：此子「徹」也——開悟了！

仰山曰：此是心機意識著述得成，待其親自勘過！

仰後見師（香嚴）曰：和尚讚歎師弟發明大事，你試說看！

師舉前頌。

仰曰：此是夙昔記持而成，若有正悟，別更說看！

師又成頌云：去年貧，未是貧。今年貧，始是貧。去年貧，猶有卓錐之地。今年貧，錐也無。

仰曰：如來禪，許師弟會，祖師禪未夢見在！

師複有頌曰：我有一機，瞬目視伊。若人不會，別喚沙彌。

仰乃報為山曰：且喜閑師弟會禪師禪也！

香嚴在仰山的勘驗下，自出心源，對答如流，所謂「貧」，乃以寓「空」「無」的境界，猶有「卓錐之地」，淺而言之，謂開悟了，還存有開悟的意念，前面的頌「咸言上上機」，即係如此；「錐也無」——謂今年連開悟的觀念都沒有了，仰山確認香嚴有了如來禪的悟境，《楞伽經》卷二云：「云何如來禪？謂入如來地，得自覺聖智相三種樂住，成辦眾生不思議事，是名如來禪。」應是仰山所說的意義；至於香嚴的「我有一機」的頌語，則顯示了所悟到了離言說知覺等等，所謂「渾然藏事理」的境界，仰山許其為會祖師禪，引起了後人不少的「著語」，二者的分別，由仰山而起，筆者曾解釋道：「蓋以祖師禪為不立文字，祖祖相傳，教外別傳至極之禪，而與楞伽經所云之如來禪為相對之名，仰山視如來禪為未了究竟❷。」應不至遠離實際，可是三十餘年之後，再加探求，只覺得是依文求義，難說是確解。但值得注意的，是香嚴在開悟之後，仍有這三種不同歷程和境界，方「一超直至如來地」。而如來禪顯然落在祖師禪之下，除了教派上的崇己抑人外，只有「至者方知」了。

在這一開悟案例上，我們顯見悟與未悟差別之大，香嚴由未悟前的茫然，到悟後的鋪天蓋地般的透露，學術科技等亦然，如孟子所說的「一旦豁然貫通焉。」豁然貫通不是開悟嗎？貫通之後才會知之真切，言之明確，一一皆從肺腹中流出，而且有體有用，不會落在盲行錯亂之中，所以學術、科技等等的重獨創、重發明，不許雷同、抄襲，因為雷同、抄襲，都是他人的，正如香嚴以前的在文字知識上做功夫，記誦的是他人的見解和語話，經不起溈山一問；開悟之後，仰山的勘驗，正如現今論文的口考或審評，在同類學術科技範疇之內的專家專業，經過嚴密的評比，便優劣立見了。學術科技等有了發明或創新，誠然是難得的突破，可是仍有理論不周延，尚有更大的進步空間、更多的適用範圍、方法欠周密、過程不完整、不適合不同環境、物件的適用等等有待充實、改進等等，宜參考香嚴進一層，更有一層境界而求其改善增美，方大功告成。

㈢覺海何山見桃開悟

靈雲志勤的見桃花而開悟，已於上文「逢緣悟達」一段中敘說。可是覺海法因庵主和何山守恂的開悟和勘磨，均與靈雲志勤的見桃悟道密切相關：

（覺海）遊方至東林，謁慧日，日舉靈雲悟道機語問之，師擬對，日曰：不是不是。師忽有契。……

嚴上桃華開，華從何處來？靈雲才一見，回首舞三台。（《五燈會元》卷十八）

---

❷ 筆者於《禪學與唐宋詩學》曾釋此開悟詩，於祖師禪有此釋說，在三十餘年之後，再作研索，乃有不同之見解。祖師禪當係指達摩之禪法，然至六祖之後，已走出了「理入」、「行入」的達摩禪法，而且達摩禪的真相如何？也難瞭解，何況徹悟了，根本上不落「階級」，如《永平廣錄》所說：「如來禪、祖師禪，往往古傳今妄傳，迷執虛名何百歲，可憐末世劣因緣。」似較妥貼。可是仰山的作此分別，非無原因，頗有不解。

同樣的作用，產生在何山守恂的開悟上：

安吉州何山佛燈守恂禪師……遂造太平（慧懃）隨衆咨請，邈無所入，乃對其衾曰：此生若不徹去，誓不展此。於是晝立宵坐如喪考妣，逾七七日。忽佛鑑上堂曰：森羅及萬象，一法之所印。師聞頓悟。往見鑑。鑑曰：可惜一顆明珠，被這瘋漢拾得。乃詰之曰：靈雲道「自從一見桃花後，直至如今更不疑」，如何是他不疑處？師曰：莫道靈雲不疑，只今覓個疑處，了不可得。鑑曰：賢沙（賢乃玄字，避諱而改，乃玄沙師備）道：「諦當諦當！敢保老兄未徹在」。那裏是他未徹處？師曰：深知和尚老婆心切！鑑然之。師拜起呈偈曰：終日看天不舉頭，桃花爛漫始抬眸。饒君更有遮天網，透得牢關即便休。（《五燈會元》卷十九）

覺海法因是臨濟黃龍派，黃龍慧能的三傳弟子；何山寺守恂則為臨濟宗楊岐派，楊岐方會的三傳弟子；可山守恂則為臨濟宗楊岐派，楊岐方會的三傳弟子；時為仰宗已衰微，而此二派仍垂傳此偈，並作為對學人的勘驗，可見不但具有公案的性質，而重視的程度尤有過之，以其係開悟人語，殆未敢視同公案去參吧！香嚴的開悟偈詩，亦係如此。

覺海法因也許不是參靈雲的開悟偈語而開悟，但其師慧日舉此以為問，應係覺海已先知道了這一偈語，才能以之作問話，在某種程度上雖無公案之名，已有公案之實，尤其是覺海的開悟偈，乃由靈雲的偈詩作根據：「巖上桃花開，花從何處來？」是頌明開悟了的重點，意謂靈雲的見到桃花開了，他卻悟到了桃花所從來、能開花的根本；因而才知道靈雲悟道的快樂：「靈雲才一見，回首舞三台。」三台乃漢代的尚書、御史、謁者的統稱，乃當時政府的權威樞紐，後漢書袁紹傳：「坐召三台，專制朝政。」以比喻靈雲的開悟，如曹洞宗的白衣拜相，尊貴之極。何山守恂，乃佛鑑慧懃（懃一作勤）其時佛鑑方住太平道場，其頌偈亦歸結於靈雲的見桃悟道：「終日看天不舉頭」，似為無理，此謂「大全」、「道本」，如天之大，無不包涵，自然「看天」不用舉頭，悟此「大全」，不需任何作為；「桃花爛漫始抬頭」──大全由體起用，由桃花爛漫地開放了，我「開眼」──開悟了，才如靈雲一樣地看見了，到了這一境界，即使「君」──指勘驗者更有能「遮天」的巨網，透過「牢關」──這一關卡，便能大休大歇，到了安穩地了。

三人見桃花而開悟，靈雲為首，應是真的見桃悟道，其餘二人乃因靈雲的悟道而助成，未必係如靈雲般的見桃，如果也係真的見桃花而悟，則以後很多的禪人，將人人看桃花，不但不必用棒用喝，行腳參請，也不用參任何的公案了。但顯然成為了話頭，而且「參」了，才會有開悟的結果。此乃因人之悟，而開己之悟。

在學術和科技等等，甚至世俗事務之中，我們重經驗，也重因經驗而形成的格言，其原因亦如靈雲的頌偈，故而朱子的治家格言，人人都知道，都在學樣，但得其精髓，能因原則而體悟方法以為應用的，大致一如覺海二人的能開悟，我們不能不注意，不能不因人之悟，開己之悟；借他人的經驗，成為自己的經驗。但是有其前提，三人開悟前所用的功夫，行腳參訪的歷程，以及理念的引導等等，要使前人的經驗、語句中的道理貼上身來，悟出道理和方法，以適應不同的環境和情況，而有因機適變的作為，否則會「死在句下」，任何格言都起不了作用，現今會背青年守則十二條的很多，精熟朱柏廬治家格言，更繁有其人，到底產生了多少作用和效果呢？我們要有此理解，才能不困在格言和哲諺之中。

學術、科技等的突破，必有創新的第一人，哲學家尊重孔子、蘇格拉底，只因為在理念等等上，他們有了或多或少、或重或輕的突破，形成了智慧的空隙或現出了另一空間；後人根據自己志趣、研究等等之所近，踵事增華，跟著他們的腳步，或踏在他們的肩膀上前進，在繼承前人的慧命，而發揚光大，績效翻新。這三人的開悟，血脈相聯，腳步相繼，在禪公案中是罕見的，我們要繼承這種精神和理念，才能在學術等方面發悟，才能出新。至少以後我們看桃花和其他景物，會想到、見到花的背後所隱藏的東西，不止於美的欣賞，詩的抒情。

(四)昭覺聞詩而開悟

禪人的開悟經過，有甚為奇特的，昭覺克勤在聽師父與一官僚閒談，吟一聯極世俗的小豔詩，卻開悟了，他竟作了一香豔體的偈詩，以接受師父的勘驗：

成都府昭覺寺克勤佛果禪師……最後五祖，盡其機用，祖皆不諾。乃謂祖強移換人，出不遜語，忿然而去。

祖曰：待你著一頓熱病打時，方思我在！

師到金山，染傷寒困極，以平日見處試之，無得力者，追繹五祖之言，乃自誓曰：我病稍間，即歸五祖。病痊尋歸，祖見而喜，令即參堂，便入侍者寮。方半月，會部使者解印還蜀，詣祖問道：

祖曰：提刑少年讀小豔詩否？有兩句頗相近：「頻呼小玉元無事，只要檀郎認得聲。」提刑應喏喏。

祖曰：且子細。

師適歸侍立，方問：聞和尚舉小豔詩，提刑會否？

祖曰：他只認得聲。

師曰：只要檀郎認得聲，他既認得聲，為什麼不是？

祖曰：如何是祖師西來意？庭前柏樹子，聻！

師忽有省，遽出，見雞飛上欄杆，鼓翅而鳴，復自謂曰：此豈不是聲！遂袖香入室通所得，呈偈曰：

金鴨香銷錦繡幃，笙歌叢裏醉扶歸。少年一段風流事，只許佳人獨自知。

祖曰：佛祖大事，非小器根所能造詣，吾助汝喜。祖遍謂山中耆舊曰：我侍者參得禪也。（《五燈會元》卷十九）

這段開悟的過程，既詳細又生動，而又無太多的宗教玄秘，尤其開悟的偈詩，可列入香豔體中。

五祖法演，是楊岐方會的弟子，以住五祖弘忍的道場，所以有此稱號；昭覺克勤，即圓悟克勤，又稱佛果圓悟，係《碧巖錄》的作者，乃公案評唱的極佳之書。其異於前面的開悟的，此乃「聞聲」而「入」，五祖對退休提刑的問道，卻舉了這首似乎當時少年都讀過的詩：「頻呼小玉元無事，只要檀郎認得聲。」乃是寂寞的妻子，頻頻呼叫她的侍婢小玉，本來無事，只是要她的「檀郎」——親愛的人，認識她的聲音，知道她的存在而前來及注意。在此問道的時刻，卻寓有色界一切的聲音，都是「大全」、「本體」頻頻的呼喚，只要人循聲而入，體認到這召喚就能開悟了，如靈雲的見桃，只是「見色」與「聞聲」的分別。問道的人愣住了，唯唯諾諾，未明所以；傍侍的未悟人，卻觸動了靈感，明白此詩句的核心；引起了克勤的疑情而問道：「只要檀郎認得聲，他即認得聲，為什麼不是？」既然如此，為什麼不見道，不是究竟？筆者認為可貴的，是五祖瞭解了克勤的情境，馬上將他看作「問道」的主角，而且三言兩語，提出了祖師的話頭：「如何是祖師西來意？庭前柏樹子，聻！❸」用這公案斬斷克勤對小豔詩的思惟，加上如同大喝一聲的「聻」——你，克勤有了覺悟，立即外出，聽到雞的鳴叫，更加徹悟——這豈不是聲？豈不是召喚？不同的，小豔詩中的聲，是紙上的和人念出的聲，而此時方是真實雞的鳴聲，真實而自然的召喚；有此瞭解，其開悟偈詩的意義，便易明白了。他是以戀愛中的男女所發生的戀情，是不能也不容向他人說的，以比喻所悟得的悟境，是不能說的，如佛說：不可說。「金鴨香銷錦繡幃，笙歌叢裏醉扶歸」，比擬情人的香閨，與戀人的濃情蜜意，正如笙歌叢裏醉扶歸的風流客，藉以形容開悟時的悅樂；「少年一段風流事，只許佳人獨自知」。開悟之事，只能自知，不容泄說。正如戀愛中的佳人自知發生了什麼？如此領會，方知不是香豔詩，故法演才說：「吾助汝喜」。認定了克勤的開悟。

俗世諸多的事務，以至理想、理念的追尋，往往有無心得之的「巧遇」，所謂眾裏尋他千百度，驀然回首，那人卻在燈火闌珊處。即是難得的逢緣悟達，但必然要事事留心，才能使他人於己本無針對性的語言，才會產生針對性的啟示作用；自己的心靈，也要有此一理念的引導，內心保持平靜晶瑩，至少要「有容乃大」，「察納雅言」，才能一觸而發。

就教師的方面而言，五祖應是識馬的伯樂，容忍了克勤的頂撞，在他忿然而去

---

❸「趙州從諗因僧問：如何是祖師西來意？州答云：庭前柏樹子。」（《無門關》第三十七則）禪人問的是達摩祖師西來中國，其意如何？明確的答案當然是傳法而來，建立了禪宗等等，此一答案，根本上不必答而人人皆知，又何必問？實際上禪人問的，是如何開悟的秘密傳授；這一問話，甚為多見。趙州答以「庭前柏樹子」，表面違反了邏輯，答非所問，而且又是不能理解的義語，而實際上是使問話的人，不落思惟覺知之上，而當下激發問話人的本具佛性，使其開悟。這是五祖引此話頭之意，而且快迅無比，不容落入思量上。聻，音ㄋㄧˇ，助辭，語的餘音。

的時候，予以指示，其預知克勤會患熱病的神秘，姑且不論，重回身畔之時，卻重用他為親近的侍者，類似現今的侍從而兼秘書，克勤的開悟，不但要歸功於他及時的指點，克勤開悟後他的著語：「佛祖大事，非小器根所能造詣。」尤堪注意，雖然人人有佛性，五祖指出了不是小器根的人，能到達開悟的境界，故而知道他已早知克勤為巨根利器，寄予期望。因此可以反證愛迪生的「天才是百分之九十九的努力」。只是勉勵人的用功，而非事實。我們可以斷言，凡百工技藝、科學發明，學術研究等的頂尖層面，無不需要天才，決無笨蛋「所能造詣」——到達得了。美國由入學到就業都看重智力測驗的天才者，道理完全相同。只是測驗的準與不準？和後天的教育等，能否成就此天才而已。五祖不但認識克勤的天才，而且也成就了他，我們要多方體會呀。

㈤祥符一喝而悟

祥符清海亦係聞聲開悟，所聞的聲，更簡單，不是一聯詩，而是一聲大喝：

清海初見佛鑑，

鑑問：三世諸佛一口吞盡，何處更有眾生可教化？此理如何？

師擬進語，鑑喝之，師忽領旨，述偈曰：

實際從來不受塵，個中無舊亦無新。青山況是吾家物，不用尋家別問津。

鑑曰：放下著。師禮拜而出。

佛鑑是法演的弟子，與上文的克勤為同門友。宗門拈古彙集卷四：「南嶽慧思禪師因誌公傳語云：何不下山教化眾，目視雲漢作麼？思曰：三世諸佛被我一口吞盡，何處更有眾生可教化。」此一古則被佛鑑拈出，以問清海。三世諸佛指的是過去世佛，現在世佛和未來世佛，慧思禪師說被他一口吞下，是不可能，乃顯示他已「功位已齊泯」，如今世任期屆滿的領袖，目標和理想已實現了，全然引退了；但他退藏於「大全」、「本體」之中，一切都涵攝其中，所以才說無眾生可渡，不是目視雲漢做高傲的自了漢。清海知道了這些，而思回答之時，佛鑑予以一喝，是要阻止他生起對上述公案的擬議回答；此喝產生了效果，激發清海本具的，潛藏的佛性而開悟了；道或「大全」的真實，是不能污染的，也不會受到污染的，所以說：「實際從來不受塵」。在此實際中沒有新與舊等的分別，因為此一實際不會有變化；清海又用「青山」比擬「大全」，我悟證「到」了、「入」了──便如同自己的東西，不用再去尋求了，因為已得到了、到家了。佛鑑的「放下著」，乃「印可」的語話──放下吧，不要執著於「聖解」，清海便禮拜──表示受教了。

在現今的話言中，仍常用「當頭棒喝」，棒喝的功能，在使人由迷而悟，或經此一棒一喝，起了警醒的大作用，而反思其錯誤或迷失。其效用、其經驗乃出於禪宗而形成典故，但現今已不明白這典故的根源了，特此為之提醒。在世俗之中，似乎不用棒喝了，其實不然，只是不如禪宗的成了習慣，於宗師的「吃棒有分」，認為是一種指點。可是家長、老師的戒尺、吼叫不是棒喝嗎？卻在西方教育思潮和愛的教育的提倡之下，被廢止了，父母教師也不知道棒喝運用的道理，成為一種立威施壓，甚至凌辱的工具，豈不可歎！又何可追回？所以要藉前述臨濟受棒，此處的清海被喝而開悟的可貴事例，和臨濟宗的「棒如雨點，喝似雷奔」的事實，使父母師長於不得不要用棒喝之時，有其原則，現今「棒」多不用，喝仍在運用呀！在成人的社會，棒和喝幾乎絕跡了，但我們要智慧地將長官的忿怒、部屬的不悅和抗議，朋友的忠言，第三者的意見，媒體的讜論和批評，當作當頭棒喝，以起覺悟反省的作用，那些都是對你所行所為的反射，雖然不是正面的，甚至是譏刺的，但一定有可省察之處，絕對不是長我之惡的諛言或陰謀。自己也可反省一下，有沒有打了罵了還是朋友的朋友，身伴有沒有直言正論的人，如果沒有，更要以上述的種種，作當頭棒喝了，這才是大智慧，會有無盡的發現，諸多的省思，而起意想不到效應。

㈥越山師鼐赴齋開悟

日光人人悉見，竟由此悟入，事頗離奇，越山師鼐即係如此：

> 越州越山師鼐鑒真禪師，初參雪峰而染指，後因閩王請於清風樓齋，坐久，舉目忽睹日光，豁然頓曉而有偈曰：
>
> 清風樓上赴官齋，此日平生眼豁開。方信普通年事遠，不從蔥嶺帶將來。
>
> 歸呈雪峰，雪峰然之。（《五燈會元》卷七）

雪峰存義乃青原行思之法系，越山師鼐從之參學，已有所得，而在清風樓赴閩王官府之齋筵時，大概主人遲到，他瞑目坐候，坐久了，忽然開眼看見明亮的日光，因而豁然大悟，此謂由「照」入「寂」，由「色界」以入「空界」，所謂「時節因緣」、「隨緣悟達」，如眼上撥去了遮翳而見到光亮，豁然明亮，「此日平生豁眼開」之意如此；開悟之後才知達摩祖師在梁武帝普通年間來中華，這事情已久遠了，（「普通」是梁武帝在位的年號，梁武帝曾與達摩相見，語不投機。）開悟之所見所得，此一「本體」、「大全」，乃先天地而有，禪宗雖由達摩開宗，禪法在普通年間由達摩所傳來，但這「至道」非達摩由蔥嶺所能帶來。《景德傳燈錄》卷三：「魏宋雲奉使西域回，遇師（達摩）於蔥嶺，見手攜隻履，翩翩獨逝。」此一傳說，啟後人疑議，但師鼐以為典故，用之成詩。這首偈詩語雖平淡，卻意味深長。

人類諸多的科技、理論、思想等的貢獻，我們常稱之創造、或發明，真是如此嗎？人類真的如此偉大嗎？就事理的潛存性而言，常是事理潛存，方法技巧由事理所引出，人不是創造者、發明者，而是如實地的發現者、引發者；以火而言，潛存於多種事物之中，我們的祖先在機緣巧合之下，發現了火，燧人氏的鑽木取火也是有火的存在後，而以此方法引出了火；西方的神話傳說，是蒲羅米修士將火偷偷地帶到人間；而印度卻認為「地、水、風、火」，是四大原素之一，我國的五行，亦認為是五大原素之一，更經科學的考驗，證明了其正確性。以電為例，是佛蘭克林所創造的嗎？當然不是，他只是發現者而已，電早已流塞於天地間了。禪宗固然由達摩來華而傳入，但佛性、本體，是他帶不來的，這不是貶低了他的祖師地位，而是事實如此，但他就不偉大了嗎？實際上仍不失其偉大。同理，佛蘭克林發現了電，或將電傳導至人間，仍是偉大無比的貢獻。可以說凡是前人所未發現的發現，雖有價值或大或小的區別，但均彌足珍貴，因為發現了某種真實或真理。

以上是詩偈，也是公案，可稱之為開悟後以詩表出的公案，不能拒之於公案之外，故將之納入公案之中，以補其不足，擴大了些公案的容量。

五、百則公案分類選釋

公案被禪人視為求開悟的鴻寶；但也被佛教的教下目為怪異；至今仍被學術界認為不合「理則」，而「又支離破碎」，除了如上所述，不知其作用和發展的過程之外，尚有其他的原因。個人認為應隨著時代的進步，除了宗教、學術等等範疇的限隔之外，公案應由分類而使之系統化，故分為十類，在類別清楚之下，以形成井然的系統，有助於參求；於分十類之後，選出性質相同，平順易於參解析說的，以得其菁英，明其義蘊，為禪人和學界研究者的取樣參考，而與未入選的公案，形成互動和旁通。又真正見於公案評點的典籍的，再刪出重複，依個人的研究統計總數不會超過五百則，是則所選釋已逾五分之一了。至於分類的理由，則解說於每分類之前，或有由此一類入另一類的可能，自信大致無誤。

(一)潛符至道類

禪宗的發明大事，先有理念的引導，必然要有此形而上的「至道」的嚮往，知有此事，不然便如盲人索途，不知趨向了；此至道為何？如前述的「本體」、「大全」，佛禪一致認同的佛性、佛心，或簡作「心」、「性」等等，甚至有很多的肢體動作，為之表顯，如各種圓相和舉拳豎拂，揚眉瞬目等，真是不勝枚舉；雖然禪宗有切忌說著，只許你會，不許你知，而不能真心直說，但只是不能說明其究竟，和每一個人所開悟的境界和內容，例如從未見過、坐過飛機的人，我們向他介紹飛機時，不能說的是飛機的結構、飛行原理等，但飛機這一名詞、甚至飛機的作用等，當然可說：在現實事物中有的，更可譬說，飛機像一隻大鳥，給天盲的人解說太陽的「形狀如盤」等等；所不同的是禪人開悟所見所得，為世俗事物所絕無，故而有云：「說似一物即不中」。甚至違反了世人耳目所見，所謂「橋流水不流」、「見山不是山，見水不是水」、「泥牛吼水面，木馬逐風嘶」。其不可說的道理如此。佛教則多有反之，如唯識宗的百法，是由可見可知的，層層分析，多方進入，求由知解而達「真際」，可是仍止於人的理性、知覺所能到達的層面，不然唯識宗就統一佛教各宗派，甚至連禪宗根本不會崛起了。所以禪宗的不許說，「道得三十棒，道不得也三十棒」，是有道理的。

禪人的所謂「至道」，全然與儒家、道教、以至世俗的道，截然不同，自不在話下，不然禪宗師的「道人」，便等同於道家的道士了。禪人在示悟時，是要有「至道」此一理念的引導，而明白有此「向上事」、「大事」，在開悟之後，保任功成，所謂救世渡人，指點迷津的，也是由悟此「大事」之體，而由體起用，橫說豎說、默然無說、以致各種動作所顯示的，無不與此「至道」密密關切。更多樣多方面表現在公案之中。故而立此一類。

⑴至道無難的公案

趙州從諗在說法時道：

至道無難，唯嫌揀擇，才有語言，是揀擇、是明白？老僧不在明白裏。是汝還護惜也無？

時有僧問，既不在明白裏，還護惜個什麼？

州云：我亦不知。

僧云：和尚既不知，為什麼卻道，不在明白裏？

州云：問事即得，禮拜了退。（《碧巖錄》第二則）

這則公案是「至道」的提示或討論時的對答，而主題卻不在至道是什麼，「至道無難」，其意是不難瞭解，可是真正的提示，是在至道的領悟，領悟了，也就明白了。這則話頭，是出自三祖信心銘：「至道無難，唯嫌揀擇，但莫憎愛，洞然明白。」三祖僧璨之意，不要有憎愛、取捨、分辨，就洞然了悟至道了；趙州提出了，以死蛇活弄的手法，激起疑情：「才有語言，是揀擇？是明白？老僧不在明白裏。」意謂他提出至道的話頭時，是揀擇？還是明白？最奇怪的，是趙州卻說自己不在明白裏，其實不在明白裏，才是不揀擇，才是如愚如魯的領會，而又賓主互換，問參請的僧眾，到了這「不明白」的境界，是你們的話，還護惜不——珍不珍重？愛不愛惜？很自然地引起僧眾的疑惑，未「開眼」的禪人，是不足以明白趙州的提示，既不在明白裏——是什麼也不知道了，還護惜什麼？趙州仍不明說，仍在鼓蕩疑情，「我亦不知」——我也不知道護惜的是什麼？這位問話的僧人，不是一撥而便轉的「開眼人」，錯過了良機，笨笨地、再死死地咬住追問：「和尚既不知，為什麼卻道不在明白裏？」趙州既不知護惜什麼？為什麼卻道「不在明白裏」——潛符默證了什麼？趙州的回答十分奇怪，問這些事情還可以，可以任你問東問西，至於「至道」嗎？只有禮拜於這聖位之前，拜了就退出吧！已沒有交涉了。

就「至道」的開悟而言，是得者便得，不在言端語端；由至道的體而言，只有「一」——絕對的「大全」；就至道的由體起用而論，則「一」流出多種的不同；就體與用的相對性，只有「空」「有」，「空」「有」一如，也不是不同的兩般事物。也就是信心銘所說的「遣有沒有，從空背空」，空與有可分而不可分；「二由一有，一亦莫守。」因為「萬法一如」、「一切即一」；因為「一如體玄」、「一即一切」。綜合了這一公案的著語和信心銘，才有了以上的體會。

在世俗之中，有這樣玄微奧秘的「至道」嗎？「無極而太極」，「一生二，二生三，三生萬物」，也約略似之。但因為不求人與道合地而證悟入之，故可作言端語端的種種辨說，以使人明白。除此絕對性、超越性的形而上之道以外，大致是可以言說的，辯明的，即使愛因斯坦的相對論、物理、化學上的發現，都要列出程式，加以演算，和作實驗，求其確證之後，作明明白白的揭示，才能成立。與此「至道」公案完全相反，不但要自己知，自己會，也要使他人知，他人會！自己知之不切，會的不明，就是迷離恍惚之談了。

(2)一代時教的公案

禪宗的源頭出於佛教，但為自行發展的方便，不落入經、論、律的知識性追求中，六祖以後的禪宗師，常有意無意地去此習氣，而禪人則往往以二教派的同異是非為問，而有此一代時教的公案：

僧問雲門：如何是一代時教？

雲門云：對一說。（《碧巖錄》卷三）

雲門文偃、青原系下、雪峰義存的弟子，以說法於廣東雲門山，為雲門宗的開派祖師。所謂的一代時教，指的是佛陀說法四十九年，弘揚所悟的佛法、開示的有頓悟、有漸修、有權宜說、有如實說的教法，廣度世人，謂之「一代時教」，佛教的教義儀軌因佛陀而建立。這一問題，真是鋪天蓋地，如果依原始佛教的三法印、四諦、八正道、十二因緣等簡說，可說上數小時、或三天三夜……而雲門只說了三個字——「對一說」，純就語義而言，乃對「一」而說，說的是「一」，竟然簡到這個地步；可怪的是問話者，竟然滿意了，「一」的意義為何？而又如何教僧人滿意了呢？

雲門有所謂三句：「函蓋乾坤句」、「隨波逐流句」、「截斷眾流句」，又有一句中須具三句——即包涵此三句在內之義。「對一說」，至少是涵蓋乾坤句——將僧人的問題，以此一句包天包地的答覆了；或截斷眾流句——截斷了其他種種的問題和答案；但不太可能是隨波逐流句，因為回答問題之後，如果僧人再加追問，又作「世故性」而無啟示性的回答，才可能是隨波逐流句。在圓悟佛果之前，參此公案，恰有三種說法：

人多錯會：卻道對一事機之事故說；又道森羅及萬象，皆是一法之所印；更有道只是說那個一時，有什麼交涉。非唯不會，更入地獄如箭。（《碧巖錄》卷二）

應係就雲門一句中須具三句而作此「會心」的。圓悟已斷言其錯了。雪竇重顯頌之云：「『對一說』、太孤絕、無孔鐵錘重下楔」。就雲門對禪人的開示而言，在斷其情識覺知，並未在這一方面說明什麼是佛、或佛法、以及解釋如何是「一代時教」，誠然是「太孤絕」，仿佛對「無孔鐵錘」又加上門閂。然而絕對不是毫無意思的無義語，因為所謂的一，正指「一」即一切的「一」，可代表「道」、「本體」、頓悟成佛的佛性，「若當頭薦得便可歸家穩坐」——與佛無殊，不能了悟，則只是一場口水，問話的僧人，顯然明瞭這一道理，故未再行追問。但佛陀說法四十九，不是說明悟後所得的真實和以何法證悟此一真實嗎？所有的言端語端，軌儀規範，經典集結，可以歸納在「對一說」中。與此公案絕對相關的，是雲門又有倒一說的公案：

僧問雲門，不是目前機，亦非目前事時如何？
雲門云：倒一說。（《碧巖錄》卷二）

僧人所問的，仍是超越現象界的「向上一路」的真如、本體，如何才是？雲門答以「倒一說」，乃「向一說」的倒反，謂非佛陀的言識所可到。實指不能說，所謂佛陀說法四十九年，未曾說著一個字，即「不是目前機，亦非目前事」的問話，非言說所能到，所能回答。故圓悟云：「設使一時無言無句，露柱燈籠何曾有言句，還會麼？」然而此一公案應有一前提，即問話的僧人，已知道了「對一說」的話頭，雲門方能轉變機鋒，加以點撥。

細觀以上二公案，問話的僧人和答話的雲門，均係就向上事而著語，不是「目前機，不是目前事」，所問的固然係超出思惟覺知之外的「事」、「機」；而「一代時教」，也非問佛法內容或要旨，而在開悟方面求開示；雲門的「對一說」，乃謂佛陀的「一代時教」，乃對「一」——至道、本體而說；「倒一說」，乃「對一說」的倒反，「至道」、「本體」，說亦不到也。有此瞭解，方知所問所答，均潛符至道，以後評唱這一公案的人，恐說破了反而成為「污染」，障參公案者的「道眼」，故隱約言之，繞路說之，才有類似謎語，而似乎難知義蘊了。

在世俗事務中，仿佛難有此簡問簡答，更難有所謂「涵蓋乾坤句」，其實不然，如孔子答門人問孝所說：「父母惟其疾之憂。」難道只是健康寶寶就夠盡孝了嗎？雖然這一回答有特別的針對性，但更深一層的意義是不要陷父母於憂懼，或要順父母的心意而行；有問「有一言而可以終身行之者乎」？孔子答以「其恕乎」！不但是簡答，也是「涵蓋乾坤句」，因其可終生奉行，而且內容廣大，「恕」只是一個字，一個要多方體會，多方奉行的原則。所以在很多時候，詳說不如短答的具有震撼力，而且使人能「切要」不忘，所不同的，禪人的問答，往往是潛符至道，而哲學宗師和世務所貴的常在抉發「至道」；但也有完全忌諱而不能不說時，亦多有用雲門的答話方式，如明朝某一攀附嚴嵩的官員，其知交畫了一隻猴子掛樹而睡，題詩道：「猴兒要醒而今醒，莫待藤枯樹倒時」；鮑超被太平天國的大軍圍住，他只寫了一個鮑字，四周用大小圈圍住，代替了敘說的告急文書，曾國藩一看就明白了，老鮑被圍了，立即派兵援救。雖然「向下事」與「向上事」大有不同，但多有理伏事中，語涉微妙之時，當事人要善聽善悟，孟子所說的「我知言」，要藉此二公案，細加體會，不然再切中利害、弊病的語句，亦如秋風之過馬耳，不會起應有的作用了。

⑶三界無法的公案

佛教亦稱佛法，因為主張一切的存在，都有法可得，故有諸法和萬法的思想。而禪宗師有反對的公案：

盤山垂語云：三界無法，何處求心？（《碧巖錄》卷？）

盤山寶積禪師，馬祖弟子，以住河北省薊縣西北的盤山而有此號。垂語是主動地指示學人。雪竇於此公案省略了下面「四大本空，佛依何處？璿璣不動，寂止無痕，覿面相呈，更無餘事」的文句。寶積禪師指陳的是如如不動的本體界，三界未生起，如如不動時，自然萬法不生起，而三界——欲界、色界、無色界都屬空無，故無法可得，更無法可求，又何處可求「心」呢？因為「心」在如如不動中；地水風火四大種，只在潛存的空無狀況中，佛的歸藏處所在那裏？連天上的璿璣星也靜止了，在寂然無痕之中，你們會到了什麼？證悟了什麼？見面給我呈來吧！其所開示的，這種境界，不許思惟擬議，而且要斷除情識意想，當下悟入，方能「會」了而著語示意。所以佛果圓悟云：

無為無事人，猶遭金鎖難，也須是窮到底始得。若向無言得意處，行不得處行得，謂之轉身處。三界無法，何處求心，你若作情識解，只在他言語上死卻。

由此知盤山的垂示，不是在說明什麼，而是不許你知，只許你會。但是由語句會意，卻是「至道」、「本體」的釋示。

在世俗的事務中，不是三界無法，而是物物事事有法，法是一種規範，更是「軌生正解」——令人起正確的認識。如定理、定義等。在知解上，我們不能不知法，以得事事物物的關係和某事某物是什麼？在行為上，我們要守法，不但是法律上的，而且要合乎自然的法則；否則會產生以人滅天的後果，破壞人與大自然的和諧，而產生災害、變化；立身人類社會中，不但要守法典之法，而且要守習慣法、道德規範，才立身有法，可免於過惡刑罪。否則苟存無法的一念——禮法豈為吾輩設哉！必然像沒有安上絡頭的野馬，亂跳亂竄，狂嘶狂奔，導致失蹄跌仆。所以不要誤會「三界無法」之意。

(4)即心即佛的公案

禪人常以如何是佛為問，並不是問佛字的意義，佛陀的偉大，而是問如何而能成佛。

馬祖（道一）因大梅問：如何是佛？

馬祖云：即心是佛。

馬祖道一，時人稱為馬大祖，為南嶽懷讓的弟子，大梅又是馬祖的弟子，以隱居浙江鄞縣的大梅山而得名。對大梅問「如何是佛」？馬祖有了直接的回答，在禪宗師的答話中是少見的，但也沒有作「如何是佛」的諸多解釋；「即心是佛」——就本具的佛心而得開悟，就是佛！故《無門關》云：

若能直下領悟得去，著佛衣、吃佛飯、說佛話、行佛行，即是佛也。（第三十則）

頗足以申明馬祖即心即佛之意，難得的是在「能直下領略得去」；而大梅於言下有省，乃住山不出，其後馬祖倡「非心非佛」，大梅卻篤信「即心即佛」而不改移，馬祖聞之曰：「大梅梅子熟也」，是「印可」了其發明大事。

不久馬祖的禪風改變了，提出了與前相反的說法：馬祖因僧問：如何是佛？祖曰：非心非佛！

乍視之，似乎作了一百八十度的轉變，自相矛盾，細察之，則有至理，簡而言之，「即心即佛」乃求道者的求悟指引，向內自求的基本原則；而「非心非佛」乃悟道之後的絕對境界，人與道合以後的絕對超越，於此一公案的後續發展，可以證明：其後有僧人問馬祖：和尚為什麼說「即心即佛？」馬大師答道：「為止小兒啼。」僧云：「啼止如何？」曰：「非心非佛。」雖未有明白的詮說，但已略有透露，啼止了，顯然是於即心即佛有所得了，然後才能知道什麼是「非心非佛」了；馬祖的弟子南泉普願於此著語道：「江西馬祖說即心即佛，王老師不恁麼道。不是心，不是佛，不是物。」開悟之後，不落在「心」上——因為是能開悟的潛能；也不是「佛」——佛只是所立的名詞；「不是物」——不是實有的事物，加上了這一句，更能顯「非心非佛」的本體意義。

假設在儒家或宋明理學大師之中，有人問：「如何是孔子」？「如何是聖」？如答以「即心即聖」，已大有問題，因為儒家有性善性惡之分，人心道心之別，必然要有為善去惡的功夫，純乎善之後，如孔子的從心所欲而不逾矩方能成聖；其根本在「心」的意義和內涵的全然不同。在成聖之後，如果問以如何是聖？而答以「非心非聖」、或「不是心，不是聖，不是物」的話，將更使人茫然了。因為成儒之聖，是世俗的，成佛家之佛，是出世的；儒家之聖，要切實地落在善惡是非和功德等等之上。馬大師的「即心即佛」與「非心非佛」，未引發類似質疑，即因其此前後的答話不同，然均與佛教的「至道」相合之故。

在世俗理念之中，常有所謂的前言不對後語，或自相違背的矛盾概念，除了雙重標準之外，亦有常多礙而實通之處，惟悟了，貫通了，方知其切要，橫說豎說，而無不合理切事，例如事與理有密切相關的不二關係，故而有依事求理，由理適事的體用觀，但理有深淺、偏全的不同，事有時空、因果不一的差別，趙括讀了父親趙奢的兵書，而且在用兵的理論爭辯上壓倒了其父，但趙奢預料趙括為主將後的必敗，秦人也知道這一實際，而行反間計，促成了趙括的取代廉頗，致有長平的慘敗。因為由理論到行事，尚有方法、時機、態度、經驗等等的問題，未必即此理、即此事，由此事，必此理；未必非此理，即非此事，非此事即非此理；因此事象同而理異之餘，必然成敗不同，而結果不一樣了。惟對某事物、某道理，有了徹悟之後，才能運用之妙，存乎一心，才能橫說豎說，無不當理如意。有此認知，才不會參此公案時，只知其矛盾對立，而不知其事理可通了。我們的胸懷當更廣大，見識當更深入而宏通了。

⑸獨坐大雄峰的公案

禪人一生的行腳參禪，最大的願望是頓悟成佛，既是永恆的大解脫，更是攀上了最高的聖位，故而如何是佛？什麼是祖師西來意等等的話頭最多，但亦有甚多的語別而意同的公案：

僧問百丈：如何是奇特事？
丈云：獨坐大雄峰。
僧禮拜。丈便打。

百丈懷海，馬大師的弟子，以住江西南昌奉新縣西的百丈山而得名，百丈山為他所開發，名之為大雄峰，是禪宗早期建立的禪院。百丈所制定的百丈清規，是禪林的生活儀規。僧人問「如何是奇特事？」實際問的是如何開悟？如何才能有開悟後的奇特事？百丈答以「獨坐大雄峰」，乃藉景境示意，「大雄峰」、「妙高峰」、「通玄嶺」均藉以顯示遠超塵世，優入「聖域」而孤峰獨坐獨宿，顯示百丈的開悟境界。於是僧人禮拜，表示視同佛祖，以抬高百丈是聖者；百丈的杖打，一方面責打僧人起了凡聖的差別心，但也拒絕了僧人將他抬舉到了「聖位」，如南泉普願所說：「文殊普賢，昨夜三更起佛見、法見，各與二十棒，貶向二鐵圍山去也。」所以此僧吃棒有分。但百丈的「獨坐大雄峰」，是否自己以聖位自居呢？顯然只是回答如何是「奇特事」而已，想必也是他領悟境界的說明，因為「到者方知」。

保福從展，長慶慧棱在遊山的時候，保福以手指云：

只這裏便是妙峰頂。

長慶云：是則是！可惜許！（《碧巖錄》卷三）

則是有意以妙高峰比喻成佛的聖境。德雲居於妙高峰，從不下山，善財童子去參，七日不逢。保福指遊山的峰頂是妙高峰，長慶的「是則是」，也肯定了這一聖境，但不隨聲附和，「可惜許」——表示了一此遺憾，不滿，意謂到此境界，也不宜自許自滿。可見百丈的獨坐大雄峰，與獨坐妙高峰，「只這裏便是妙高峰。」意境並無不同。

藝術的尖端、科學、文學、哲學等等，都有一座大雄峰，或妙高峰，其意境與開悟成佛相通，亦如太史公對孔子的「高山仰止，景行行止」的讚歎。其獨立物表，高不可攀，正如寇準〈登華山詩〉所詠：

只有天在上，更無山與齊。舉頭紅日近，回首白雲低。

到達的人，是難得的驕傲；未到的人，是力不從心的嚮往；這些不同的妙高峰，都有路可上，但是知者甚多到者稀，因為要費盡一生的精力、作為、智慧，除了悟達之外，有時要合百家之美，前人之智，以成一人之奇，而攀上妙高峰。對獨坐大雄峰的人，真是禮拜無已。如果我們不起高山仰止之情，不是有些輕狂，便是近於愚昧了。

(6)凡夫法的公案

參學的禪人，常常陷在「兩極」之上，不起凡情，即生聖解，只因為超凡才能入聖，入聖即已超凡，下述的公案，卻有凡聖一體的感覺：

修山主垂語云：具足凡夫法，凡夫不知；具足聖人法，聖人不會；聖人若會，即同凡夫；凡夫若知，即是聖人。（《萬松老人請益錄》第三十六則）

修山主紹修，羅漢桂琛的弟子，以住江西臨川之龍濟山而得名。所謂「具足凡夫法，凡夫不知」。常人不知佛性的本具，如前述馬祖的「即心即佛」，加上惡知惡覺，「背覺合塵，迷己逐物」之故，凡夫不知道這一「凡夫法」，故而是凡夫。理雖如此，但未免說得太簡單了些。然就開悟的指引而言，不在多言多語的解說上，也不為小了。聖人的開悟，是具足了「聖人法」——成佛的清淨自性，以無知之知，當下承當，所謂的「本自圓成，不勞修證，眼不見眼，心不知心，於無了知，不辨真實，知證雙忘，打成一片，故曰聖人不會。」聖人不會，乃開悟成聖時，不許以思而知，慮而解的思考領會，故而「聖人若知，即成凡夫。」指聖人違背了上述的「不會」——不許智知，即成不悟的凡夫，所謂「情存一念悟，甯越昔時迷」？另一意義是指即使是「聖人」——開悟了，若以智知，亦成悟後迷的凡夫，所以說「終日圓覺，而未嘗圓覺」。待保任功成，方能縱橫無礙。「凡夫若知，即是聖人」，凡夫知有佛性，即心即佛而開悟了，便是聖人。可見聖凡之分，即迷悟之別。這一公案，除了「會」與「知」的意義有涵混之外，難道不許、不要「向上一路」的知，以作理念的引導嗎？

人人有本具的潛能，佛心佛性也是潛能之一，某種潛力的大小，當事人常不自知，在此情況下，不能引發此一潛能，當然仍是凡夫；反而言之，不論以何方法，將此潛能引發了，如果稟賦極大，當然「超凡入聖」，而大與「凡夫」——常人不同，除了向上一路，不許「智知」之外，其他任何方面，都要「智知」，而且要知之深切，才能行之篤實，此之謂明體達用，「體」通常是指原理、原則的主體；「用」

通常是方法、方案、技巧、體的附屬，故而不知，不會是凡夫，知了、會了，才能超越凡人。哲學上的大師，人倫中的聖人，無論多精微的道理、理論都要能知、都能說，說之不清楚，是知之不明確，由這一公案，我們要如此體會。

(7)日日是好日的公案

禪人垂示，常常不肯「真心直說」，免於成為「多嘴阿師」，而且有語言污染，有時蔽障其開悟，而且我說的是我的，與你無關，故而繞著說：

雲門垂語云：十五日以前不問汝，十五日以後道將一句來。自代云：日日是好日。（《碧巖錄》卷一）

洞山良价，是曹洞山的開派祖師。「十五日以前不問」，十五日以前，月未圓滿，表示禪人未開悟，未得到如月圓般的大圓鏡智，指修持開悟的歷程，開悟機緣等等，均所不問，問的是如十五月圓之夜，得到了大圓鏡智時，道說一句子看看！大概當時僧眾久久無人能回答，所以洞山自行代答道：「日日是好日」。因為參學功成，得到了大智慧、大脫解、大自在，永絕煩惱，只有悅樂，不是日日是好日了嗎？以世俗成功的例子為比擬，正如當時唐朝的士子，一旦考上了進士，便「春風得意馬蹄輕，一朝看盡長安花」了。只是洞山的話，含蓄多了，只有淡淡的得意，而無欣喜的輕狂。

在世俗的名利場中，有很多成功了，但未必「日日是好日」，有了震撼世界的權柄和財富之後，往往是「既得之，患失之，苟患失之，無所不至」。自然煩惱隨之而來；任何人成功之後，都會如此，所以說「創業難，守成不易」。而且成功之後，常有成功的傲慢和腐化，自高自大，自以為是而不自覺，一位諾貝爾物理獎得主，能參與諸多的政治事務而無缺失嗎？故成功之後，隨之是思想的腐化，以至生活行為的腐化，雖宗教領袖亦所不免，以前一位每日必作的苦行者，現在不是前呼後擁，坐賓士名車了嗎？如此而「日日是好日」了嗎？故易經告誡我們：「亢龍有悔」——成功往往是失敗之母。

(8)竿頭進步的公案

禪祖師垂示，有用成語而含意深遠，復不同於世俗，因為乃「向上一路」的原故：

石霜和尚云：百尺竿頭如何進步？又古德云：百尺竿頭坐底人，雖然得入未為真。百尺竿頭須進步，十方世界現全身。（《無門關》第四十六則）

石霜諸慶用乃道吾圓智的弟子，以住湖南瀏陽縣的石霜崇山峻嶺而得名。「百尺竿頭」，再求進步，是指精進不已的世俗諺語，石霜以此為問，是基於古德——長沙景賢的偈語，而有翻案之意，既然開悟，到了百尺竿頭，如長沙景賢所說；但又「如何得入未為真」呢？百尺竿頭如何再求進步？當然石霜知道「十方世界現全身」的境界，不是質疑，而是要「進得步，翻得身」，使十方世界現全身，而問進步的方法，或如何進步？以達真實不疑的境界。他人無能為力，惟在參禪的學人的自己用功和自得。

百尺竿頭是指雜要獻技的表演，到了極高的頂點，所謂「百尺竿頭裏裏身，足騰跟掛駭旁人」。在學術技藝上，往往有「至矣盡矣，無以復加矣」的境界，形成了所謂的百尺竿頭，是難突破的「高原現象」，但是並非沒有精進的空間，我們仍要再求進步，再進一步，如今時所謂的金氏紀錄，不但記錄了各種的百尺竿頭，更記錄了更進一尺的破紀錄的「百尺竿頭」，標誌著人類精進不已的種種活動。

百尺竿頭，再進一步，當然是高難度，所顯示是進境無限，不可自滿，更不可畫地自限，就人類的各項活動、表現而言，是要具有這種精神，任何人一旦自我滿足了，精進往往停住了，往往形成精神上的腐朽，不再虛心接受批評，不再反省，甚至不太認真，更不進反退。但是不要成為貪婪，如有象箸而求玉碗，在生活和享受上，固然也可以「食不厭精、膾不厭細」，那是飲食藝術，但不宜奢侈浪費。

(9)不得住的公案

在佛法中有羅漢思想和菩薩精神的分別，前者在自了自得，後者在慈悲救世，「不得住」的公案，顯示了同體大悲的意境：

> 蓮花庵主拈拄杖示眾云：古人到這裏，為什麼不肯住？眾無語。
>
> 自代云：為他路途不得力。

復云：畢究如何？

又自代云：榔楖橫擔不顧人，直入千峰萬峰去。（《碧巖錄》卷三）

蓮花庵主，里籍身世不詳，為北宋初人，住天臺蓮花峰（一說為廬山）。相傳這一問句，二十年無人能答，只好自答了。「古人到這裏，為什麼不肯住」？即開悟之後，不住在聖位中而「沉空滯寂」，雖然「如如不動」，但只是自顧自了，缺乏如佛陀的救世歷程，所以他才自代云：「為他路途不得力」，沒有涉世務，出力量，只沈住在聖境中；「畢究如何」？意在問「路途得力」之後如何？謂如橫擔著擔子的挑擔人，如此走進千山萬山深處而返本還源。

「身無半畝，心憂天下」，如范仲淹先天下之憂而憂的志願，也許太高了一些，但是很多人富了，只坐在自己的錢眼裏，忘了還有無衣無食的自己同胞，其心安否？又評價如何？很多人貴了，坐在權勢的大位上，只管以權錢作交易，不顧國家的安危，蒼生的禍福，固位護權之餘，惟恐過期作廢；這還算知識份子嗎？今之世，這兩種人太多了，才無以致太平，一位有名的企業家，身後的墓園和喪禮，費用近二億台幣，如此他的骸骨就不腐爛、靈魂就上天堂了嗎？很多人在羨慕，更多的人在非議，他的人生路途「得力」了嗎？恐怕沒有為他人挑擔了什麼？

(10)雲門兩種病的公案

禪人在求開悟的全部過程中，均求人與道合，誠如中庸所說：「道者不可須臾離也」。而且悟前悟後，可能都有過失在：

> 雲門大師云：光不透脫，有兩般病；一切處不明，面前有物是一；透得一切法空，隱隱地似有個物相似，亦是光不透脫。又法身亦有兩般病，得到法身，為法執不忘，己見猶存，墮在法身邊是一；直饒透得，放過即不可，仔細點檢將來，有甚麼氣息亦是病。（《從容庵錄》第十一則）

雲門文偃這則公案，涉及了禪宗開悟的實際，及禪人容易有的缺失，全係就「至道」證悟的問題而發：「光不透脫」，語意不甚明白，似指已見了「光」而沒有「透脫」的情境；面前有「物」，而我確實的體會，應指見道不明；進一步悟透了諸法皆空，但隱隱約約隔著一層，未徹見真如實體，也係見道未大明，亦可見是否徹底開悟了？仍有主觀的認定問題，依雲門的抉發，當時必有以未悟為悟，和「一知半解」的情況。真正開悟之後，仍有兩種病，簡而言之，一是法執不忘，我得法了，落在開悟這一執著中；開悟了，透脫了；所謂「放過不可」，「要仔細點檢將來」，指的是長期的「保任」，以保持悟境和開悟所得，不使失落，而免於存著以前的世俗「息氣」，即所謂的「長養聖胎」，做到了以前種種譬如昨日死，則悟後的種種即能今日生了。

任何偉大的藝術家、哲學家、以至聖人，依雲門的兩種病而論，有成功以前的「病症」，如是否急功近利，攀緣倖進，盜名欺世等等。成功成名之後，是否志得意滿，英雄欺人，悍然自是，崇己抑人？深入觀察，可能是鮮能無病。而且諸多的病很容易消失在成功的彩聲裏，有時如癌症的潛伏，一發致命。

以上十個公案，均潛符禪的「至道」，此類的公案仍多，因為「向上一路」，都要以「至道」為體。在惟求「不識不知，順帝之則」，故多不剖析明說而已。

(二)祖師機緣類

禪宗由達摩來華建立，自然是禪人的祖師，就宗教的歷史傳承和地位而言，自應備受崇敬，但比之佛教，其崇敬的程度在形式上遠不如釋迦牟尼佛；有時佛祖並稱，但絕無求其保祐、以至加持的意願，也不將其作偶象崇拜，最簡單的理由，佛祖不是真正的「主人」，只是「主人」的使者；傳達了「主人」的資訊；就求開悟而論，開悟了即是佛，但不能向佛求，也不能向祖求，甚至不能向佛說的法而記錄成的經典求，佛祖以至經典，頂多是指月的手指，所謂「己靈猶不重，佛祖為何人」？這種認知而又表現在言語和行為上，自必為佛教所非，但是這種認知，深有其深刻的道理。如此而被目「狂禪」，實有未明真相，受了冤屈之處。

在禪人的公案中，佛祖是源頭，更是開悟的先行者和導師，自然而然在多方涉及，但極可詫異的，不是向佛祖乞求給予開悟，以至念佛、祈求禱告等也全然不見，甚至不問開悟的是什麼？有什麼內容；在公案中連以心傳心的秘密傳授也否定了，「到者方知」，仿佛一切答案都在其中，故曰：「我宗無言句，更無一法以與人。」佛祖只是開悟的機緣而已。

禪宗是終生期求開悟成佛而作「聖」的，卻極力排除聖端觀，廓然無聖的公案，透露了這一訊息：

(1)廓然無聖的公案

梁武帝問達摩大師，如何是聖諦第一義？
摩云：廓然無聖。
帝云：對朕者誰？
摩云：不識。帝不契。達摩遂渡江至魏。
帝後舉問志公，志問：陛下還識此人否？
帝云：不識！
志公云：此是觀音大士，傳佛心印。
帝悔，遂遣使去請。
志公云：莫道陛下發使去取，闔國人去佗亦不回。（《碧巖錄》卷一）

這一公案傳係達摩來華時與梁武帝的對話，見於《景德傳燈錄》卷三。菩提達摩為中華禪宗初祖❹。梁武帝普通八年渡海來華，至廣州，由刺史蕭昂，表聞於梁武帝，遂迎至金陵相見，而有上述的對話。梁武帝蕭衍是南朝蘭陵人（今江蘇武進），繼齊稱帝，篤信佛教，受菩薩戒，四次捨身同泰寺而被民眾「贖還」。他問達摩的「如何是聖諦第一義」？乃問佛教四諦中的道諦，其殊勝義、最高義是什麼？成佛的「聖位」究竟如何？達摩答以疏廓虛無之中，無有聖者。因為分凡分聖，只是差別心使然，而且聖只是一假名而已。梁武帝問以「對朕者誰」？既無聖者，則面對他是誰？是凡夫嗎？達摩對以「不識」，不認識我自己，意謂不知是凡是聖，已到了不加分辨的境界；佛果圓悟云：「廓然無聖，天下衲僧跳不出，達摩與他一刀截斷。」蓋指出了天下的僧徒，無一不是求佛作聖，達摩的「廓然無聖」，一刀截斷

❹ 禪宗的傳法，有西天二十八祖與中華五祖的傳承。西天第一祖為摩訶迦葉，傳至菩提達摩，係西二十八祖，而為中華初祖，至弘忍大師，為第五祖，至六祖慧能，廢除衣缽和祖位的傳承，正式進入中華禪多頭弘傳的時期，才有五宗二派的出現。（〈五宗二派傳法系統表〉，附於〈壹、禪宗的特性〉之後）

了這種聖端觀和分別心，去此貪求心，才能直指本源。梁武帝「不契」——不能了悟及瞭解。其後志公與梁武帝的問答，應為誤記，志公指的是「寶志禪師」，已於天監十三年（西元五一四年）化去，距普通八年（西元五二七年）達摩來華已十四年，自無以此事而與梁武帝對話的可能。故略而不論。

聖人是人類中出類拔萃的頂尖份子，我國被公認的四聖人——至聖孔子，亞聖孟子，復聖顏子，宗聖曾子；世界上被哲學家公認的也有四聖——孔子、蘇格拉底、釋迦牟尼、耶穌；不能說廓然無聖。然而中國和全世界自此四聖人之後，便「廓然無聖」，聖人真是一座孤峰聳峙的高山，令人興「高山仰止，景行行止」的不盡景仰。可是聖人和聖位仍在拓展，王羲之稱書聖，杜甫為詩聖，甘地號聖雄等，這才合事實，其後聖位已趨於專業化了。也許聖人的地位太崇高了，影響力太大了，引起了後人諸多的批評，而以大陸的批林批孔足為代表。當然聖人不是不可批評的，但批評的標準、批評的目的和動機，要客觀、理性而公正，如果只是政治上的抹黑和打倒，即使達成了「廓然無聖」的目的，於我們的文化思想有何裨益？何況真正的聖人是批得倒的，鬥得臭的嗎？

「廓然無聖」是錯的嗎？是又不然，有聖念而起對聖人的尊敬和效法，有何不可！但膜拜之極，要改字、或缺筆避諱，如孔丘、孟軻，要念孔某、孟某，書寫要缺其中的一筆，不是太形式化了嗎？尤其是專制君主，被捧為活著的聖人，其實多的是渾蛋、「白癡」，死後的名字，也比照孔子，在改字避諱的情形下，如此多的假聖人的名號要避，造成了多少文字的錯誤和誤解！何況聖人貴在其精神、思想、學術上的感召力，不是招牌，不止於是偶像，有了廓然無聖的一念，掃除了聖端和偶像的觀念，對聖人的認識也更清楚了，自己成不成得了聖人，儒家的聖是否同於佛家禪人的聖，是另一問題。

(2)世尊升座的公案

佛教、禪宗只是宗派上的不同，再加上求悟的方法上大有差異，但是合於其不立文字等特性的佛陀行跡，自然會成為公案：

世尊一日升座，文殊白椎云：諦觀法王法，法王法如是。世尊下座。（《碧巖錄》卷十·〈從容錄〉第一則）

世尊為佛陀的另一尊稱，一日升座說法，文殊菩薩白槌告眾所說等等，似在提警大眾的注意，可是世尊卻因而下座，未作任何的言說開示，似乎契合了永嘉證道歌的「默時說，說時默，大道門開無壅塞。」可見世尊的默時即說。但是參此公案的禪宗師，卻不許如此以有義的舉止會意，所以說：「總恁麼會，三生六十劫，也未夢見在」。蓋謂文殊的告白，已形成機境，不能悟入，言說已成多餘，世尊的下座係如此。但不許參此公案時如此會意，這是禪宗的言語道斷，心行處滅的奇妙和無奈。

在世俗之中，一種情境，一種氣氛，會形成目擊道存，虛而往，實而歸的感受與啟示，「莫謂無語，其聲如雷。」一個窗明案淨，事事物物井然有序的家庭，加上脫俗的擺設，怡然的笑語，不必有任何的說明，置身其間，都會感受其悅樂，此其「默而說」。任何畫家、雕塑藝術，都要如此形成其所欲表顯的境界，如果深切地體會了這一默而說的道理，會有某種程度的提升，所謂「天何言哉，四時行焉，百物生焉」。

(3)世尊拈花的公案

佛陀無疑是禪宗的元始教主，但是其西方第一祖卻是佛陀的弟子摩訶迦葉，其以心傳心的微妙，卻在世尊拈花，迦葉一笑：

> 世尊在靈山會上，拈華示眾，是時眾皆默然，惟迦葉尊者破顏微笑。世尊云：吾有正法眼藏，涅槃妙心，實相無相，微妙法門，不立文字，教外別傳，付屬摩訶迦葉。（《無門關》第六則）

這則公案是禪宗付法傳宗的張本，唯美而浪漫，出於「大梵天王問佛決疑經」，傳說王安石曾見之於大內，後人謂出於偽撰。但禪宗的燈史，記載了佛陀付法於迦葉，但方式、時間、地點不詳，而迦葉在佛陀入滅而說涅槃經之時，並不在場，所以付法與否？應係懸案。但以後禪宗的宗旨：「教外別傳，不立文字。直指人心，見性成佛」。顯然是掇取了這兩句而形成。

會心一笑就算莫逆於心，就能付法而又傳宗了嗎？無門開慧致疑道：「只如當時大眾都笑，正法眼藏作麼生傳？設使迦葉不笑，正法眼藏又作麼生傳」？似乎在反對這種傳宗方式的無理和草率；然而又云：「若道正法眼藏有傳授，黃面老子，誑諕閭閻；若道無傳授，為什麼獨許迦葉」？則已意不在致疑這一傳宗，而是掀起疑情，使人當下悟入。迦葉的破顏一笑，應是佛陀知其開悟了，了然於他的拈花妙旨，道可悟，可會而不可說！當然這是禪宗的所謂傳心或秘傳。但禪宗的燈史，並未記載迦葉是如此被付法傳位的，可見只將之視作公案而已。

在孔門的曾子一諾，大堪與此公案相比，孔子面告云：「參乎！吾道一以貫之。」曾子曰：「唯。」曾子這答應「唯」，不是接了孔子的心傳嗎？孔子離開之後，門人問曾子：「何謂也？」曾子回答道：「夫子之道，忠恕而已矣！」這不類似佛陀的付法傳宗嗎？可是孔門無此宗主的地位，但曾子的答話，顯然有了偏差，因為忠之與恕，是一而非二，對「吾道一以貫之」的命題，大有不合；而且依孔子主張的德目，也不能全部包括，如智、仁、勇等。是獨立的德目，不在忠、恕的包涵中。因此而引發後儒諸多的討論，至少產生了如公案鼓動疑情的作用。

(4)達摩安心的公案

達摩來華，建立了禪宗，初時不過是一小小的教派，但他的事跡，有諸多的附會和傳說，經史學家考證的結果，是確有其人，當然更確實是禪宗的中華初祖了。禪宗縱然不立文字，決無數典忘祖，有認錯祖師爺的可能，但這一安心公案，應是一種傳說吧！

> 達摩面壁，二祖立雪斷臂云：弟子心未安，乞師安心。
> 摩云：將心來！與汝安。
> 祖云：覓心了不可得。
> 摩云：為汝安心竟。（《無門關》第四十一則）

二祖為慧可，本僧人，名神光。這一公案，與《景德傳燈錄》卷三所載，在過程和語句有頗多的省略，依較可信的過程，斷臂乃二祖乞求為達摩弟子之時，而安心的請求，則為成為達摩弟子之後，相距的時間多遠，雖不可知，應不可能緊接斷臂之後。達摩會晤了梁武帝，語不投機，乃至北魏，面壁於嵩山少林寺，終日默坐，有壁觀婆羅門的稱號，慧可立雪中整夜，雪深過膝，求為弟子，達摩未允，乃斷臂表示決心，達摩受感動，收為弟子之後，才有此公案。

二祖以「心未安，乞師安心。」意義似欠明確；達摩要求其「將心來！與汝安。」亦係如此；因為心有很多意義，有肉團心、六識心、思惟心、真心、佛心等，心能安嗎？要安的是什麼心？如何而安？二祖回答以「覓心了不可得」。而達摩竟然說：「為汝安心竟。」就禪人的開悟而言，是要使「真心」、「佛心」，突然在激動之下而起慧悟。二祖不安之心，乃妄想分別之故，「真心」、「佛心」，乃當體即是，故而覓之不得，則不能安，亦不必安了，故達摩才說：「為汝安心竟。」二祖恍然明白了，才不再問再求了。

世人此心不安的例子太多了，恐懼最能使心不安，貪嗔癡慢疑，更是使心不安的根本，此外違反自己的良知善性，亦心不安，因為「內愧神明，外慚清議」之故。基督教、天主教是用向神禱告、懺罪的方式；心理學家則用發泄的方式，儒家則用反省改過的方式；所以「安心」之道，可以有多種方式，最根本而重要的是「心安理得」，在理性反省和克控之下，由知善知惡、知是知非，而為善去惡，則理可得而心可安了。

(5)良馬鞭影的公案

佛陀的布教說法，理所當然依照印度的習慣，運用印度因明、有破有立，破邪顯正，以摧伏外道，但下述的公案，竟反其道而行：

外道問佛：不問有言，不問無言。

世尊良久。

外道讚歎云：世尊大慈！令我得入。

外道去後，阿難問佛：外道有何所證而言得入？

佛云：如世良馬，見鞭影而行。（《碧巖錄》卷七）

這則公案，見「首楞嚴經」卷四。問的奇怪：「不問有言」——言句所能說的不問；「不問無言」——言句說不到，不能表顯的不問；則所問的是何事？還能用言句回答嗎？世尊的良久——不答所問，而默然良久，即以此作回答；外道似乎「目擊道存」，經此機緣竟然令其「得入」——豁然開悟了。故而讚歎感謝。佛陀與外道這樣的相契合，阿難只有疑惑，外道如何竟然「得入」了呢？佛陀的解答是：「如世良馬，見鞭影而行。」自然讚美了外道的良材美質。阿難顯然也見到鞭影，但確不如外道，未能見鞭影而行，且因疑而致問，竟然不如外道。

某一方面的良材美質，其聰明靈俐，往往在機緣湊合時，常靈光閃耀，如丸如珠，一撥便轉，不待朝夕相處，耳提面命，如是而造成一些獨特的機遇，改變了一生的命運，甚至影響多人和多方面。因為某一類的人、事、物，往往氣機相吸，故曰「好漢識好漢，英雄識英雄。」有了識馬的伯樂，千里馬才易於被發現而逞其材力，「知己猶來勝感恩」，道盡了這種情份。然則良馬見鞭影而行，不足奇怪。

⑹祖師西來意公案

在禪人參訪時問話最多的，恐怕是如何是祖師西來意了，但是禪宗師的答話，決不拖泥帶水，而且無一相同，內容令人目瞪口呆：

僧問香林：如何是祖師西來意？

林云：坐久成勞！（《碧巖錄》卷二）

香林澄遠，是雲門文偃的弟子，以住四川青城的香林院而有此稱號。僧人問的是禪宗祖師達摩西來的意旨何在？難道問話的禪人，不知道達摩西來，開創了禪宗嗎？顯然這類常識性的答案等，都不是問話者的問題所在，所問乃是達摩有何秘密傳授？如何開悟成佛的向上一路。香林的答話是「坐久成勞」，指出的是達摩來華，在嵩山少林寺面壁九年，不要誤會那是禪宗的宗旨，也不是祖師的西來意，縱然如此坐禪息慮，也是「坐久成勞」，不免沈空滯寂，如不能發明大事，仍是「禍事」或弊病。其實此一答話，仍不許作此意識思想而作解，正如趙州從諗回答同一問題的答話——庭前柏樹子一樣，正要你目瞪口呆，如佛果圓悟評唱本公案所說：

古人為答祖師意甚多，唯香林此一則坐斷天下人舌頭，無你計較作道理處。……

要見便見，若不見，切忌作解會。……（同上）

這才是香林答話的真意。得此開示，問話的僧人只有就此話頭死參活參，以求得悟，不是嗎？香林四十年才「打成一片」而悟入。

「坐久成勞」，仍是我們日常生活的箴言；首先我們要有坐久的能耐，有一類「好動兒」，坐了三分五分鐘之後，便火燒屁股坐不下去了，是學習和工作上的一大病症，要設法使之習於久坐，至少能坐一個小時；但久坐之後，要有動的調節，活動筋骨血脈，否則真的會成勞成病。現在電腦電玩，已侵入我們的生活中了，多少人忘其所以，不但精疲力竭，而且目力的損害，坐骨神經的影響等，大損身心，真要藉香林「坐久成勞」的話，以為提醒。

(7)六祖心動的公案

六祖慧能是禪宗傳奇性的人物，相傳他是識字不多的打柴漢，並未受戒出家，卻成為禪宗的「宗主」——立為六祖，惟有他的語錄，才稱為經，意謂可比得上佛陀。下述的公案，與他脫離迫害而「出世」有關：

六祖因風揚刹幡，有二僧對論：一云幡動，一云風動，往復曾未契理。祖云：不是風動，不是幡動，仁者心動。二僧悚然。（《無門關》第二十九則）

慧能大師得到了五祖傳以衣鉢，授以禪宗的「祖位」，並遵照五祖的吩咐，避奪衣鉢和爭祖位的禍災，隱於四會懷集一帶，與獵人為伍，吃鍋邊菜，大概四年左右，也許是追殺的人沒有了，也許是「保任」功夫完成，才出世說法，而有這一公案，他因這一仁者心動的話，驚動了主持，因而正式受戒，以後住於曹溪，成寺廟十三所，「曹溪意旨」，與「祖師西來意」成為公案而並列。

就世俗的覺知而言，風動是感覺上的，幡動是視覺上的；風動乃原因，幡動是結果；這應是因物象的見知而引起的話題。但風是無形的，可寓「空無」、「本體」，幡動可寓「色界」、現象界，風動而幡動，藉以顯示二者的關係，可能二僧的對論，都有偏失，落在一邊，而未暢其理，六祖告以「不是風動，不是幡動，乃仁者心動。」否定了二僧的認定「風動」、或「幡動」。就此一事物之理而言，不是風動即是幡動，以二者所涵寓的意義而論，不寓「空」，即寓「有」；由人的能知覺認識以究，有六識——眼、耳、鼻、舌……等的起作用，方能覺此風動或幡動，六祖的「仁者心動」，認為風動幡動，都是外在的，物象的，而覺知其風動、幡動，乃是主體的，內在的，合乎萬法唯識的道理；而且「心」乃真如、本體，就此而言，風幡之動的根本，是在此「心」，故而令二僧驚異。所以才能說：「不是風兮不是幡。」

心動、心不動，不但涉及到「心物交感」——即外在的物象，引起了內心的感應，生起了喜樂憎惡等的複雜情感，於是而有取捨貪求；心不動更是修養的境界，告子和孟子的不動心，是有名的例子。當然心動是常態，心不動是修為克制，其實心動不全是外物的感應，最主要而要修養的是欲望的驅動，當然也與外物的感應有關，例如有人白日在鬧市搶黃金，遭受法官的詢問時，他說當時只見有黃金，不見其他。可見在欲望驅使之下，外物感應的強烈。人能不動心嗎？見財動心，見利動心，見色動心，財、利、色之於人求之不得而惱怒動心等等。動心了才有求財、求名、求色的行動，追求的結果，大別只有得之與不得兩種，和大得、小得的分別，在欲壑難填的情況下，心動不已，追求不止，於是陷在名利的膠漆盆中，而諸苦、惱怒等隨之，可見心不動的難得和可貴。我們難於不能不動心，動心了當知有不動的境界；心動時更宜審察一下，動的是什麼心？是不是動了害人之心。

⑻祖師心印的公案

禪宗的傳宗，以至開悟與否、和悟得的正偏等等，都是師資傳承時相互之間的主觀體認，尤其否定文字語言的知解之後，便只有以心傳心之一途了，而且又否定了秘密傳授，所以傳心及印心，更極其重要，下述的祖師心印的公案，有了若干透露：

風穴在郢州衙內，上堂云：祖師心印，狀似鐵牛之機，去即印住，住即印破，只如不去不住，印即是？不印即是？

時有盧陂長老出問：某甲有鐵牛之機，請師不搭印。

穴云：慣釣鯨鯢澄巨浸，卻嗟蛙步輾泥沙。

陂佇思。穴喝云：長老何不進語？

陂擬議，穴打一拂子。

穴云：還記得話頭麼？試舉看！

陂擬開口，穴又打一拂子。

牧主云：佛法與王法一般！

穴云：見個什麼道理？

牧主云：當斷不斷，返招其亂。穴便下座。（《碧巖錄》卷四）

風穴延沼，乃臨濟宗下寶應慧顒的弟子，以居河南汝州東北的風穴山、風穴寺而得名。在牧主「州牧」長官的衙內開堂說法，可見參禪風氣之盛。其時已到了五代，臨濟禪大行於北方。祖師心印似寓指達摩及各代祖師的法要和傳承，果若如此，則包涵大無邊際了，此處風穴乃藉以顯示悟後的機用——如何合乎祖師的法要和傳承？「去即印住，住即印破」，謂無人能承受其勘驗，否則不會說「只如不去不住——不接受勘驗了，勘驗的也不是佛祖。故一轉機鋒，向堂下大衆問：「印即是，不印即是？」而有盧陂長老的出而答話，他倒反賓主，自謂有「鐵牛之機」，卻請「不搭印」，勿加勘驗，亦有看風穴如何勘驗之意；風穴仍居主位，出語試探道：「慣釣鯨鯢澄巨浸，卻嗟蛙步輾泥沙。」盧陂長老是鯨鯢？是蛙步？盧陂長老的佇思被打，擬議被打，顯然未至徹悟的境界，不能縱橫無礙地如實著語，被打之下，仍未能破除疑情，顯然是被「印住」了，或「印破」了，而牧主的答話，卻是「具眼人」，透過了這一勘驗，以王法比佛法，顯然恰當；「當斷不斷，反受其亂」，也是王法的說明，更是盧陂長老被勘驗情狀的實況，於是風穴「見好便收」，而走下法堂。

「祖師心印」究竟為何？仍然是團迷霧，所可確定的，不是祖師所傳的法印，更不是掌握在祖師的手裏，而是由風穴在掌控；故盧陂長老的有「鐵牛之機」，請不搭印，乃對風穴而道，可以證明；問題是風穴何以能夠而又自信掌握了祖師心印，最簡明的答案，是其徹悟後的智慧，與祖師無殊，而如佛教的三法印，以辨別邪正，以證驗學人的悟得。至如所謂的「鐵牛之機」，應是當時所用的器具之一，大家所共見共知，才能提出而比擬之。

「心印」簡單的意義，是以「心印心」，本為「佛心印」之略；禪宗由達摩東來，單傳心印即指此而言。尤有以心傳心的意味。儒家因此祖師相傳的法統，比照而建立了儒家的道統，由祖師相傳的心印，而建立了儒門的心傳：「人心惟危，道心惟微。惟精惟一，允執厥中。」這一影響不是很大嗎？即世人男女之間的「心心相印」，其源流亦出於此。心印和印心有此諸多的重大意義，故印心是大事，也是雅事；是俗事，更是難事。

(9)「祖」「教」同別的公案

禪宗成立之初，與佛教的差異不大，也許並未突顯，其後主「教外別傳」，復由小派成為大宗之後，宗門、教下各自發展之餘，禪宗與中華傳統文化相近相成，生活又極世俗化，與佛教的教法愈行愈遠，所以代表禪宗的「祖意」與代表佛教的「教意」的差別異同，形成了公案：

僧問巴陵鑒和尚：祖意教意是同是別？
陵云：雞寒上樹，鴨寒下水。（《空谷集》第四十七則）

僧問睦州：祖意教意，是同是別？
州云：青山自青山，白雲自白雲。

祖意教意的同異，即問禪宗與佛教的差異所在。二人的回答，表面上離題萬里，實際乃理念的形象化，雞寒而可以上樹，鴨寒而能下水，是物象，而且不同；佛教禪宗的差別，亦係如此。但雞鴨的「上樹」「下水」，全乃本性使然，在自性本具的根本上沒有差別。同理：白雲乃動象，青山係靜象，自有不同，但二者都是現象，其根本性質有差別嗎？都是本體作用的顯示。這種回答的方式，雖然撲朔迷離了一點，但避免了真心直說，而且不會引起二教派的爭執。

差別同異是比較上的問題，要有同一標準，同一性質，方可比較，而得出異同，進一步以見此長彼短，得出評論的結果。莊子的天下篇，司馬談論六家要旨，正如祖意教意是同是別的問題一樣，只是屬學術思想方面上。但不同於此一公案的，是有明確的比較結果，但以後的人，繼而有反反覆覆的爭論，形成了此一是非，彼一是非，真是「青山自青山，白雲自白雲」，故而應從根本上、性質上索求解答，才能當理而較能得真實。

⑽真彌勒的公案

佛教經過長期的發展之後，也隨著時代的進步而轉變，菩薩道的出現，是大乘佛法的基礎，彌勒菩薩或彌勒佛的出現，具有代表性，禪公案有此一則：

布袋和尚頌云：彌勒真彌勒。（《請益錄》第九十五則）

布袋和尚身世不詳，唐末人，活動於浙江奉化一帶，常以杖挑一布囊並破席，凡供身的生活所需物品，都收藏在內，故人稱為布袋和尚。坐化時有偈云：「彌勒真彌勒，分身千百億。時時示時人，時人自不識。」故「彌勒真彌勒」，才為天童正覺所拈出，而布袋和尚因此偈而被傳為彌勒菩薩的化身。

「彌勒真彌勒」，應是布袋和尚的自比自況，雖然他不太可能是彌勒菩薩的再生或重來，但開悟之後，自可與彌勒無異，而且彌勒不因其他的原故，而假設如布袋和尚的形相出現在人前，誰又知道他是彌勒菩薩呢？如五祖法演的偈頌所云：「天上無彌勒，地下無彌勒。無事街頭立，被人喚作賊。」勢利目的世人，則已將彌勒喚作賊了。

誤將菩薩認作賊，不是罪過嗎？是菩薩了，能讓人誤認作賊嗎？似乎無此可能。

但歷史上顛倒賢人和奸賊的卻比比皆是。「周公恐懼流言日」，是將賢相認為是國賊；「王莽謙恭下士時」是將奸賊認作了賢相，雖然在時間利害的考驗下，會一一顯出真偽的原形，但付出的代價往往太大了，時下所謂的「臺灣之父」，是不是呂不韋呢？「臺灣之子」是不是石敬瑭呢？似乎端倪已露，當時攜手相互捧拍而肯定的「父」「子」，已在相互否定了，但是臺灣如何？才是真正受到無形而巨大的傷害者。「彌勒假彌勒，畢竟都是賊」，好好地參參這一公案吧！

禪宗公案涉及佛祖機緣的不止於此，沒有宗教能斷絕其歷史的傳承，往往只加以誇大、美化。但禪人很少如此，以其志在開悟之故，在極力求其不偶像化和神聖化，故不要崇偉的廟宇、莊嚴的佛像，也不跪在佛祖前面乞求，參禪只在簡潔的禪堂中，其設施在現在韓國、日本的禪宇中，仍可證明。而中國的禪林設施，大都全盤佛教化了。只有公案才保全了「本來面目」。也顯示祖師的指點和傳承的特別處。

㈢呵佛罵祖類

與佛祖機緣一類不同的，是禪人有呵佛罵祖的公案，而且多出於禪宗師，他們不是不崇敬佛陀，更不是數典忘祖，而是欲以之廢除偶像和聖瑞觀，以免障參禪者的道眼，例如：

釋迦牟尼世尊初降生，一手指天，一手指地，周行七步，目顧四方云：天上地下，唯吾獨尊。雲門云：我前時若見，一棒打殺與狗子吃，貴圖天下太平。瑯琊覺云：可謂將此深心奉塵剎，是則名為報佛恩。（見《頌古聯珠通集》卷八）

雲門文偃是雲門宗的宗師，他的一棒打殺正出世時的佛陀與狗子吃，不是大不敬，大作口業了嗎？可是瑯琊覺禪師卻評論為「可謂將此深心奉塵剎，是則名為報佛恩」。指出雲門所說乃深切的用心為的是塵塵剎剎的世人，而且是報答佛陀的恩德，因為後人若相信了這一記載，那佛陀是天生的聖者，無人敢於求開悟而作佛了。正如黃蘗的打臨濟，乃是求激其開悟的「老婆心切」的慈悲，而不能以體罰視之。這一類的公案，基本上要如此領會。

(1)呵佛罵祖的公案

禪宗師於「開眼」的參訪者加以印可之時，卻許其日後能呵佛罵祖：

德山到潙山，挾複子於法堂上，從東過西，從西過東，顧視云：無！無！雪竇著語云：勘破了也！

德山至門首，卻云：也不得草草。便具威儀，再入相見。

潙山坐次，德山提起坐具云：和尚，潙山擬取佛子，德山便喝，拂袖而出。

雪竇著語云：勘破了也。

德山背卻法堂，著草鞋便行。德山至晚間問首座：適來新到在什麼處？首座云：當時背卻法堂，著草鞋去也。

潙山云：此子已後向孤峰嶺上，盤結草庵，呵佛罵祖去在。（《碧巖錄》卷一）

德山宣鑒係青原行思法系第四代，龍潭崇信的弟子，本精研律藏，並以講金剛般若經而號「周金剛」，他的開悟相當特別，在龍潭時，崇信於黑夜中點燭與之照路，宣鑒接取之際，卻加吹滅，崇信禮拜，乃問曰：「見什麼？」曰：「從今向去不疑天下老和尚舌頭。」當其參訪到潙山靈祐的道場，從東過西，從西過東，顧視以後，表示覓佛參拜而可得，亦表示無證悟之人在也，雪竇重顯的勘破也，乃指此而言；他接著又說：「也不得草草」，佛無所不在，豈可在此道場而不禮佛？他與溈山相見，一取佛子，一便喝，乃機鋒相對，德山拂袖而出，雪竇又云：勘破了也！溈山推許德山，德山也「認識」了溈山，乃指此而言。其後溈山的詢問德山的行止，其首座不見德山的非凡，惟見其背卻法堂坐，著草鞋的無禮，溈山的「已後向孤峰頂上」乃許其徹悟之後，到達聖境，而呵佛罵祖，謂其不受聖位的蔽障，聖凡情盡。

此處的「呵佛罵祖」，很明顯的是對佛與祖並無不敬之意，也不是輕狂，而是形容其氣概、其悟境。以後德山宣鑒的成就非凡，可見溈山的「法眼無差」——未看走眼，但德山真的呵佛罵祖，更意味著未嘗不可以呵佛罵祖。

詩人、藝術家等，到了高境界、高格調時，往往自負匪淺，如杜工部介紹自己道：「讀書破萬卷，下筆如有神。賦料楊雄敵，詩看子建親。李邕求識面，王翰願卜鄰。」自美自贊。幸而其後被推為詩聖，不然便有些輕狂了。同理禪宗人物往往有狂禪之目，不是受呵佛罵祖一類語話之累嗎？

(2)佛是乾屎橛的公案

禪宗師於參禪答問時，常有「語不驚人死不休」的意味，其實大有深意，乃一種抽釘拔楔的指點手段：

雲門因僧問：如何是佛？

門云：乾屎橛。（《雲門匡真禪師廣錄》．《無門關》第二十一則）

如何是佛？是禪人行腳參訪時常常問到的問題，乃問如何方可是佛，成佛之意，雲門宗的宗師竟答以「乾屎橛」——乾了的糞團，豈不令問話的人和僧眾一齊震驚得呆若木雞嗎？的確如此，雲門正是以截斷眾流的手段，在「罔知所措」的情況下，激起開悟，不許學人落入思惟擬議之中，如《無門關》所云：「閃電光、擊石火，眨得眼、已蹉過。」即指明答話的用意，故而不能以罵佛會意。

就語言的意義而言，佛不過是共許共認的、久已存在的名相，不知其內涵，便與乾屎橛一樣，如果認為乾屎橛是罵佛，乃是分凡分聖、分淨分穢的差別心所致，泯除了這世俗的差別觀念，才能有幾分開悟的可能。可是在所有的宗教中，對「主」對「神」，能如此，敢如此嗎？這是禪宗的特殊之處，乃其基本的、唯一的宗旨，在使人開悟之故。設非如此，則真是謗佛罵佛了。

在世俗之中，佛法的「三業」有口業，即由言語產生的業力，可能招致果報的影響，而且說髒話，是沒有教養的顯示；罵人會招致反擊，甚至吃上譭謗官司，孔子說：「一言而喪邦」，可見其後果極其嚴重而可怕。然則雲門的話頭，我們不必學，也不能學了，因為是髒話之一。但是自古以來的禪人，無人認為他造了口業，認為他罵了佛祖，因為罵佛是表相而且有理，不能以罵會意。

⑶銀碗盛雪的公案

禪公案之中，有極優美的語句，極堪玩味，似乎又有倒反祖師的含義：

僧問巴陵（顥鑒）：如何是提婆宗？

巴陵云：銀碗裏盛雪。（《碧巖錄》卷一）

巴陵顥鑒，乃青原一系，雲門文偃的弟子，以住湖南岳陽縣的乾明寺，岳陽即唐代的巴陵郡，故稱巴陵顥鑒。提婆尊者，原為外道，歸服龍樹尊者，為西天禪宗第十五祖，後以言語摧服當時的九十六種外道，但被馬祖道一貶為「凡有言句，是提婆宗。」故僧人提出了質疑。顥鑒答以「銀碗裏盛雪」，大有謎語的意味，此句出於寶鏡三昧：「銀碗裏盛雪，明月藏鷺，類之勿齊，混則知處。」雪花盛於銀碗裏，白鷺藏在明月下，因為雪和銀碗，明月和白鷺，都係「一色」——同樣的顏色，銀碗和白雪，明月和白鷺，類比之下，知其不同，混同在一起，才知其處所。同一色的事物，雖有本質上的差異而常難於分別，馬祖道一的「凡有言句是提婆宗」。指對向上事的言端的說破而論；提婆的摧伏外道，乃在發明大事之後，其本質如銀碗，起了盛雪的作用而表現在摧伏外道的破邪上；就馬祖的本意，顥鑒指出本分上事如銀碗，言語的論說，則如白雪；這種差異，極難分辨，如雪藏於銀碗之中，白鷺藏在明月光輝之下，雪和銀碗，有本質上的不同，混合之下而知其處所，則有待於智慧。又在一色的情況下，何能發現其他的不同呢？銀碗與雪在白色之外，各有本質，所以佛果圓悟說：「若論一色邊事，到這裏須是自家透脫了，卻須是遇人始得。」自己透脫了這「一色邊事」，才知道「一色」以外的究竟，如馬祖所說的提婆宗，僧人才會知道馬祖言語之外的意義；更知道提婆宗，不是貶抑西天的禪祖師，而是在使人開眼；指出顯鑒的「銀碗盛雪」，主要亦在誘人開悟，知道「一色」之外，有更重要的「本質」——本體、「大全」的存在。

在世俗的事物上，也要有「一色」的觀念，以明事物的真相，在同一白色之下，不加細察，分不出銀和雪的不同，以及發現不了月光下的白鷺，很多的動物，便以與周遭環境的同一色而欺敵，鱷魚靜止不動，如一截枯木，蝴蝶、蜻蜓棲息在花上，如一花朵或蓓蕾等，所不同的，有的是「欺敵」求生，有的是引誘他物上當。人世之間，又何嘗例外，大奸大惡的貌似忠信，如王莽的謙恭下士，小奸小惡的金玉其外，以之欺人，同是「一色」的笑臉，「一色」的炫麗，多少人上了當，多少次吃了虧，我們事後只有歎息，偽君子的可怕甚於真小人，甚至始終仍以之為真君子，而不知其為騙徒和小人。

但是「一色」之下的真相並不是十分難知難察的，白鷺和月光不同，白鷺除了有鳥的相狀之外，尚有動的特徵；雪和銀碗也在外形和本質有根本的分別，既然「類之不齊」，便應分別有法了。只是粗心大意，或者根本上不存疑慮之心，覺察之情，才不加分別，「以貌取人，失之子羽。」不正是這種缺失嗎？

(4)不合得衣缽的公案

禪宗傳宗，有佛陀的金縷僧衣和乞食時的缽，以為信物，世人的稱名家高弟為衣缽弟子，典故在此。而六祖因「本來無一物」的偈語，得到了傳法的衣缽，更凸顯了這一典故。洞山良价卻認為六祖不應得此衣缽：

> 僧問洞山：「時時勤拂拭，莫使惹塵埃。」為什麼不得他衣缽？山云：直饒道：「本來無一物」，也未合得他衣缽，且道什麼人合得？僧下九十六轉語不契。末後云：設使將來，他亦不受。山深肯之。（《請益錄》九十八則）

洞山良价，雲嚴曇晟的弟子，曹洞宗的創立者。「身是菩提樹，心如明鏡台。時時勤拂拭，不使惹塵埃。」是神秀書壁的偈語，如六祖所批評，未曾「了徹」，因為是在修行的境界，在畏懼污染，故要如明鏡般的時時加以拂拭。所以未得五祖的衣缽。僧人可能感於北宗的主漸修、南宗的主頓悟、神秀的「時時勤拂拭」，深有此意，故以為問。洞山卻答以六祖的「菩提本無樹，明鏡亦非台。本來無一物，何處惹塵埃」的本來無一物的偈語，也未合得他衣缽。豈不是否定這宗傳衣缽的史實，或五祖傳衣缽的不當嗎？當然不是洞山答話之意，故問什麼人合得？而係藉以驗問此僧人的悟境，就此一問題的答案而言，是六祖不應得此衣缽嗎？還是「本來無一物」的偈語不應得此衣缽嗎等等？何以需要下九十六轉語呢？而洞山所肯的竟是：「設使將來，他亦不受。」與「什麼人合得」，似不相干。但實際是指將來修持功竟——開悟了，給他以衣缽，他亦不受，衣缽只是世俗之物，頂多是傳法的標誌而已，真是證悟人，衣缽對他有何意義？頗有懷疑六祖「本來無一物」，是否徹悟了之意，但就二偈語而言，「何處惹塵埃」，大有不受污染之意，高過了神秀大師。

衣缽弟子，是讚美師父、徒弟之間的良好傳承，五祖憑「本來無一物」的偈語，將禪宗的祖位傳給了慧能，其時六祖只是一頭陀，並不具有僧人的身份，只是僧廚的打雜人，連「飯頭」——伙夫頭的地位都不如，卻立為禪宗的宗主，真太破格了。但是六祖未辜負五祖，曹溪禪震動當時，五宗二派，盛於後世，超過了五祖的東山法門。就傳法而言，衣缽只是信物、表記，而真正可貴的是本質，才能等等。某宗某派、某人某技的衣缽弟子，當然是美譽和嘉許，如果只是謀得了衣缽的名稱而無實有，則是盜名和虛譽，不免辜負了師恩；不能將所傳發揚光大，使後繼有人，也辜負了衣缽之名；以往的師傅常於技藝的妙處留一手，免使徒弟他日勝過師父，則更品格底下了。以六祖的成就，雲門乃其傳法弟子之一，竟然說六祖不應得衣缽，全然不是倒反了祖師，而是激揚他的傳人，何況衣缽到了六祖，六祖止之不傳，才有各宗派的崛起，雲門才得稱宗主。據此，實際上他也是未傳衣缽的衣缽弟子。

(5)曹溪無「這個」的公案

六祖慧能大振宗風於曹溪，弟子荷澤神會以支援郭子儀等的掃平「安史」之亂，光復了唐室，故而後來得到唐朝王室的支援，開無遮大會，從北宗神秀的宗脈中，取得了正統的地位，「曹溪一脈，獨芳宇宙」，取得了壓倒性的勝利，於是曹溪意旨、曹溪一滴水等等，成了禪人參訪時的話頭：

石頭至思和尚處，思問從甚麼處來？頭云：曹溪來！

思乃舉起拂子云：曹溪還有這個麼？

頭云：非但曹溪，西天亦無。

思云：子莫到西天來麼？頭云：若到則有也！

思云：未在，更道。

頭云：莫全靠某甲，和尚也須道一半。

思云：不辭向汝道，恐後無人承當。（《空谷集》第二則）

石頭希遷，六祖慧能時為沙彌，後為青原行思的傳法弟子，以住湖南南嶽的石頭寺而得名。因六祖將示寂之時，有「尋思去」的吩咐，石頭後得人指點，乃參青原行思。青原的舉起拂子，係代表「真如」「本體」，問「曹溪還有這個麼」？意謂六祖在曹溪所傳，有沒有此一真如、本體？正確的答話應為有。意指拂子代表實「有」，而佛法的究竟的則應是「無」。石頭竟然說：「非但曹溪，西天亦無」。六祖和佛陀，均無此實有。青原追問：「子莫到西天來麼」？不然何以知道連西天也沒有？石頭的「到則有也」！指徹悟而到了之後，便知有此「實有」的存在；此一答話未當理之處，「有」、「無」的體會，在於證悟與否？不應有曹溪與西天之別；故青原不肯云：「未在，更道。」石頭的「莫全靠某甲，和尚也須道一半。」意謂他所道的如此，青原也須道一半；也含賓主移換之意；青原不肯道破，乃告以「不辭向汝道，恐後無人承當。」蓋道破了，會影響石頭和其他人的開悟，而恐其不能承當「大事」——得到徹悟。

道遍周沙界，曹溪豈能無「這個」！所以才說「道在邇」，各種事事物物的道理，就在我們的周遭，不能捨近求遠，最明顯而切近的，日常生活之中，要有生活上的規範；生活所需和所知的，都有其物理、事理，我們不能不體察；在家庭之中，我們由為子弟，到為父兄，均有其應有職分和義務；至於在工作中，在社會的人際關係上，都有為所應為的種種，豈能無「這個」，故不能不體察，以究明這些，才不會有言語行為上的偏差。而且都待我們去體會，得出經驗，領悟道理，有了慧識，才能進退有據，而免於過惡，或減少偏失。

(6)佛不如曹山的公案

佛陀是聖者，與儒門的孔子同其偉大，假如說：「孔子不如我」，一定被認為非狂即妄，但禪門恰有此一公案：

僧問曹山：佛未出世時如何？

山云：曹山不如。

僧云：出世後如何？

山云：不如曹山。

曹山本寂，洞山良价的弟子，二人開創了禪宗五宗中的曹洞宗，以住江西臨川縣的曹山而得名。僧人問「佛未出世時如何」？就佛教的歷史發展而言，問的是其時有無佛或有無佛法的存在、成佛的證悟等。而曹山竟答以「曹山不如」。蓋謂其時無聖凡的分別，無成聖的追求等，曹山現在的作為，正與之相反，所以說「曹山不如」。而如南泉普願所說：「向空劫以前承當，佛未出世會取」之意；「佛出世以後如何」？明確的答案應是佛陀成立了佛教，有佛法的傳播，成佛的追求等等，現在的「佛」，只是一個名詞，一追求的目標，曹山已無此一聖與凡的分別心，不迷於佛的聖瑞觀，故「佛不如曹山」；而天童正覺道：「佛與曹山，主賓互換，出世不出世，各具一隻眼。」蓋指佛未出世，體用不分，而且未顯其用，也涵攝了曹山，故而曹山不如；佛出世之後，才有體有用，分凡分聖，佛既是用的顯示，則不如曹山的證悟歸體了。天童的所謂各具一隻眼，指各顯現了體用的一面。

由於時代的進步，學術思想的發展，我們於諸多的事物，幾乎全有了「體」與「用」的觀念，而知明體達用，「體」大約指原理、原則，「用」乃指方法、技巧等，二者是一體的，所謂「體用一元，顯微無間」。意謂由體可以起用、知用；由用可以溯體、得體；但是在事理未分未明之前，則體用難分難知，如乾坤淆沌，而天地未形成，自然不能分判了，大約如理學家所謂「無極」、「太極」的階段，與曹山所謂「佛未出世」相合；等到陰陽既分，萬物萌生，各就其事，各有其理，由理之體而起不同的作用，如佛出世之後，建立的萬法，和傳承等等；即體即用，由體起用，體用雖係一元，而畢究可分，「出世不出世」，深有起不起作用的涵義，如此參求，則此一公案便極有意義了。故而曹山決不是與佛比地位的高下，硬拗瞎說：佛不如他。

(7)洞山的非佛公案

可與「佛不如曹山」的話頭同調的，是其師洞山的「非佛」：

洞山垂語云：體得佛向上人，方有說話。

僧問：如何是佛向上人？

山云：非佛。法眼云：方便呼為佛。（《請益錄》第三十三則）

「體得佛向上人」乃已體悟而與佛無差異的向上一路的人，所說的才無錯誤，所說的才是向上一路的開悟智慧語。僧人問如何是「佛向上人」，乃問如何而成佛？而洞山答以「非佛」，似乎答非所問，應指不可存佛的聖瑞觀和聖凡的分別心，以及貪求心等——「平常心是道」，方有成為「佛向上人」的可能。僧人的不再問話，是在參求宗師的話頭，或已知道此一答話的意義。法眼文益乃法眼宗的宗師，乃恐人誤會，另下一轉語：「方便呼為佛」——為方便之故而立「佛」的名稱，即如一般世俗事物之名，乃約定俗成。亦不落凡情，不墮聖解，合乎洞山的「非佛」的涵義。二宗師誠恐佛的聖瑞，「魔魅」了僧人，但是如是的繞路避忌，就不生蔽障了嗎？有非局外人所知的，不然不應如此百般避免「真心直說」了。

在世俗之中，我們常如禪人「執相求禪」地「執名求義」，「由字得義」，於現實的人物、或戲劇中的角色，最愛問的是「他是不是好人」？彷彿得到是好人、或不是好人的回答，問題就解決了，因而就滿意了，信從了。這樣的速斷，輕信，不但是毛病，而且依循這結論發展，結果可能非常可怕。

「聖人人倫之至也」，如果有人問「如何是孔子」？「如何效法孔子」？我們決然不宜曰「非聖」、或者「方便呼為聖」。在儒門之中，應有表率、標竿，甚至有效的作為和方法，以求其能如孔子，不怕有分別心，不怕有聖瑞觀，學孔子、學先哲，惟恐其不成功。向上一路和向下一路的最大分別心在此。

⑻他是阿誰的公案

禪宗師為了不肯道破，故曲設多方，有類謎語，而不真心直說：

東山演師祖曰：釋迦、彌勒，猶是他奴，且道他是阿誰？（《無門關》第四十五

則）

東山演祖師即五祖法演，白雲守端的弟子。釋迦是佛，彌勒是佛也是菩薩，是佛教中的聖位代表，而法演說「猶是他奴」。顯然「他是阿誰」？表示他是佛和菩薩的主人了。故而除了「真如」、「本體」之外，不會是其他了。五祖法演的「他是阿誰」，激起參禪者的疑情，而且深合佛法，因為佛和菩薩是證悟「真如」、「本體」的聖者，最尊貴也不過是代表、或傳語的使者，而且被真如、本體所涵攝，此乃法演所說「他是阿誰」之意。《無門關》的作者說得好：「若也見得他分曉，如十字街頭撞見親爺相似，更不須問別人道是與不是。」開悟了，親見到了，才知道他是誰和他的地位。

「你是誰？你以為你是天王老子呀！」世俗常有此反權威、反傲慢的諷刺問話。他是誰？你是誰？也許並不很重要，因為去掉了名利、權勢的觀念，無求品自高，某隱士便可以說：「王前！」——王呀！到我前面來！某哲學家才能對凱撒大帝說：站開些，不要擋住我的陽光！但更先要知道「我是誰」。以確定能不能問：他是誰！

你是誰！

⑼女子出定的公案

公案之中，有離奇而係神話，然實有喻托：

世尊昔因文殊至諸佛集處，值諸佛各自還本處，惟有一女子，近彼佛座入於三昧，文殊乃白佛云：何女人得近佛座，而我不得？佛告文殊汝但覺此女，令從三昧起，汝自問之。文殊繞女人三帀，鳴指一下，乃托至梵天，盡其神力而不能出。世尊云：假使百千文殊，亦出此女定不得，下方過一十二億河沙國土，有罔明菩薩，能出此女定。須臾罔明大士從地湧出，禮拜世尊，世尊勒罔明，卻至女人前，鳴指一下，女人於是從定中而出。（《無門關》第四十二則）

這則公案乃據竺法護譯之「諸佛要集經」卷下。文殊是七佛之師，極具神通智慧；而罔明乃初地喜歡地菩薩，僅能棄除妄想；出一女子於定，文殊不能，而罔明能，似不合理。然公案所重者，在喻證悟之事，非智慧、神通所為功，棄除妄想分別，反能收效。此莊子寓言：黃帝遺失神珠於赤水，諸人不能得，惟「罔象」能得之，「罔明」與「罔象」，寓意略同，乃「棄知」「無覺」之意，以喻證悟之事，不可智知，要除去惡知惡覺。禪宗師不尚神異，而此則公案極多神異，不知參禪者，如何去參求？

七佛師的文殊，不如罔明，則佛的地位，神力又如何呢？如此參究，自難有結論，也難得其真相。在世俗之中，地位的高低，富財的大小，不全決定於智慧，有時勢、機遇、環境等等的因素。以曾國藩的事功和經歷，卻說不信書，信運氣，他在與太平天國的天師軍作戰時，三次陷於絕望而要自殺，差一線就死定了，不是運氣嗎？運氣誰又能全然掌握呢？故而風水地理師、算命、卜卦、觀星者，無代無之，中外皆然，只有程度之別而已。但是「準頭」如何？大概連文殊和佛陀，也不敢、也不能泄漏「天機」吧！

⑽轉如是經的公案

禪宗不立文字，在印度禪宗祖師時，已有了端倪。東印土國王，請二十七祖般若多羅齋。

王問曰：何不看經？

祖云：貧道入息不居陰界，出息不涉眾緣，常轉如是經百千億卷。（《從容錄》第三則）

禪宗西方二十七祖般若多羅，初名瓔珞童子，東印度國王固請其赴齋時，以不看經而被國王詰問原因，他答以「貧道入息不居陰界，出息不涉眾緣」。意謂入定時不會入於物質所聚的陰界（即蘊，如色蘊）而被迷；出定之後，不會涉及無常的因緣所生法之中，謂達於開悟自在，已得諸法實相，佛法所有經典，皆佛陀證悟之後，由此「諸法實相」流出，才能說常轉如是經百千億卷，真有如此多的經卷嗎？也可以一卷皆無，所以不看經，無經可看。到底這二十七祖的不看經的真意如何？有經不看，是不必看了嗎？不必有經，轉《如是經》百千億卷，因為百千億卷也離不了「這個」。而且轉的是無文字的典籍，才能說不看經。所以宏智正覺頌之云：「木馬遊春駿不羈。」當然是奇特事。

哲學家雖然沒有如此的神奇，沒有不看書的，更沒有不看書而能「轉」此書的，因為不知一書及其內容而能轉化運用此書的，絕無可能。但是除了能讀有字之書外，我們更要能讀無字之書，大自然是一本無字之書，社會百事百態，也是無字之書；甚至超出一本書的文字記載之外的，也是無字之書。所謂的「無字天書」，應是指這些而言。無字之書能讀懂，除了思惟術之外，就靠體悟和智慧了，起碼要有舉一反三的本領。無字之書讀懂了，才是神奇的境界，奧秘的突破。

呵佛罵祖，是禪宗的特殊處，但是決不忘祖，也不是自己開悟了，口嘴輕薄，誇耀自己的神聖。因為未開眼的禪人，會以佛祖為偶像而產生的聖瑞觀，成為入道見性的蔽障，所謂「一片白雲迷谷口，幾多飛鳥誤歸巢」。故臨濟義玄云：「無位真人，是什麼乾屎橛。」無位真人指的是佛；德山宣鑒罵的更徹底：「這裏無佛無祖，達摩是老臊胡，釋迦老子是乾屎橛，文殊普賢是擔屎漢，等覺妙覺是破執凡夫，菩提涅槃是繫驢橛，十二分教是鬼神簿，拭瘡疣紙。……」雲門文偃更要一棒打殺佛祖，才形成了這一類的公案。我們細心參究，他們呵佛罵祖是表像，而指點迷津，光大禪門是手段，是目的，深入一層，才見真實，故不能認為輕狂，也不能真的認為是非聖反佛。

(四)機鋒互逞類

禪宗所有宗派及其中的每一份子，均以求悟為目的，故於向上一路的「個事」、「這個」、「大事」等，無不念茲在茲，未「開眼的」力求其「開眼」，宗師長老一言的開示，以致一舉一動，無不在關注、體察之中；有個「入處」了，尚須保持所悟的，所謂「長養聖胎」，在此保任期間，定必滌盡世俗的雜務雜念，保持悟境，守而勿失；保任功成的則「出世救人」、或披衣上座、或諸方參訪，故於彼此間的一言一行，無不注意，無不參究，以免自己瞎了「眼目」，和以盲引眾而貽誤他人。遊方行腳所及，固然是禪機互動，針鋒相對，於平常生活，每日的早參、晚參，依然彼此機鋒互逞，一方面是成了習氣，一方面是互相勘磨，如俗語所說：「三個書生談書，三個屠戶談豬。」這種互動，無時無之，形成這類的公案：

(1)雪峰的古鏡公案

「行亦禪，坐亦禪」，在禪人而言，決然不是空話：

雪峰與三聖行次，見一群猢猻。

師云：這猢猻，各負一面古鏡。

聖云：歷劫無名，何以彰為古鏡？

師云：瑕生也。

聖云：一千五百人善知識，話頭也不識。

師云：老僧住持事繁。（《請益錄》第五十二則）

雪峰義存，德山宣鑒的弟子，以住福建福州之雪峰山而得名；三聖慧然，臨濟義玄的弟子，以住河北真定之三聖院而有此稱；兩地相距太遙遠了，應係三聖行腳到雪峰處參訪。二人行路時見到一群猴兒，乃平常之事，雪峰說這些猴兒，「各負一面古鏡」，事實上無此可能，乃以古鏡代表具有之「佛性」，無始以來即有；三聖深知此意，反以「歷劫無名，何以彰為古鏡」？指出了「這個」歷劫以來都「無名」，為何彰顯它成為有名的古鏡呢？雪峰竟然倒打一耙說：「瑕生也」！指三聖如此直接說破了，如良玉般有了瑕疵；三聖因而有反唇相譏之意，指他是千五百人的住持師，未聽懂他的話頭，反而說「瑕生也」；雪峰的住持事繁，乃接住了三聖的話頭，似乎表示了因而錯誤難免！另則他的答話，並無違失，而不願強爭是非，以待三聖的體會。故萬松云：「爛泥裏有刺！」天童正覺則認為：「爭之不足，讓之有餘。」之後致三聖欲爭而不能。

依照這一公案，我們正如每一猴兒，都背負一面「古鏡」，可比之於佛性，更可比之於人性，「佛性」是成佛的根本，人性是成其所以為人的根本，基本上都要順性而為，不能將此自然之性加以摧殘桎梏，而如所謂吃人的禮教。可是人性有善與惡的二方面，雖不全然是順著惡性就是小人和兇惡，順著善性便乃君子和良善那樣兩極化，但古今中外的教育家的理念，莫不欲長善而化惡，為善而去惡，收不到功效之後，才以政治上的法條，以獎善而罰惡，庶幾才有安樂穩定的社會，這是基本而非高調。

(2)逢人即出的公案

禪人因所得的不同，故而話頭常常相反，而又相照應：

三聖云：我逢人即出，出即不為人。

興化云：我逢人即不出，出即為人。（《請益錄》第六十三則）

興化存獎乃臨濟法系，參三聖慧然。這裏的「出」，即出世之意，指的是開悟之後和保育功成完畢的作為。三聖的「逢人即出」：謂此時的逢人而出世，乃從體起用，出而顯示作用；「出不為人」：意謂已入聖位，不是普通的眾生，而是聖位的代表。興化乃反其意：他所謂的「逢人即不出」，指的是用世功成，攝用歸體，不再落凡俗；而「出即為人」——謂轉身而出，不居聖位，即為度人救世也。

二人的對話，全然相反，也表示了不同的意境，如世俗之人的「言志」。我記得一位同鄉的兄長輩，在大學畢業的時候，我仰慕地問他的就業和盤算：「那裏多一塊錢，就到那裏去！」說的截金斷鐵。其時我正十五六歲，又在流離失學中，面對這只有意願性和現實性，而無理想、願景的話頭，接不下去了，真是心知其非，而口不能言其非。現在踏入社會的就業人員，誰不如此？就藉此一公案而作反面思考：那裏多一分理想，多一分願景，就往那裏去吧！

(3)智不到處的公案

禪宗師耆宿，常藉機造境，以為考驗：

道吾與雲巖至南泉處。泉問：闍黎名甚麼？吾云：宗智。泉云：智不到處，作麼生宗？吾云：切忌道著。泉云：灼然道著，則頭角生。異日師與雲巖後架把針，南泉過見再問：智頭陀！前日道：智不到處，切忌道著，道著則頭角生，合作麼生行履？師乃抽身入僧堂。（《空谷集》第二十則）

道吾宗智，亦作圓智，以住湖南瀏陽之道吾山而得名。雲巖曇晟，與道吾均為藥山惟儼的弟子，二人同參南泉普願，普願在寒暄之際，由宗智的名字藉題發揮：「智不到處，作麼生宗？」指不可智知的是「向上一路」，智不到處的事，如何「宗」呢？道吾其時只是遊方頭陀，卻作了正確的回答：「切忌道著。」不能以智知而說出來！南泉認同了這見解，而予以指點：「灼然道著，則頭角生」。如此則會「頭角生」而入生死輪回——即異類中行。

南泉見到道吾與雲巖後架把針——正在工作，仍伸前問，可是重點移到了「合作麼生行履」，乃問如何實行？則是前次的問話，屬於「知解」，道吾過關了，這一問屬「行解」了，道吾的抽身入僧堂，乃以行動表示出的切忌道著，而且有以僧堂象徵不能智知的「那邊」之意。可是雲巖不明究竟，事後問道吾：「師弟適來為甚不祇對和尚？」不知道「開眼」的道吾已用「抽身入僧堂」的行動，回答過了，再問南泉，南泉重複了前面的話頭，雲巖只有重回藥山，叩問「如何是異類中行」。而不予解說，雲巖只在「道著則頭角生」下，加上「直須向異類中行」？藥山亦不釋說，因為釋說就是「道著」，不會開悟了，而且將「落入異族中行」。此一疑團，激蕩著雲巖去求悟，悟了自然知道了。

同一機鋒的情境下，兩位都是後來的宗師，卻一位悟解了，一位竟茫然，可見係機緣的未到。悟有遲速，世俗的開竅與否，也係如此。二位同年齡的妙齡少女，一位乃是英雲未嫁，一位則已結婚生子，於家庭生活瑣事方面，如操持家務，出入市場，侍奉丈夫，乳育兒女，洗手作羹湯等，二人的生活所知，必天差地別了。在家事的智知方面，也許相去不遠，在「行解」的經驗方面，必無法相提並論了。所以實驗、嘗試、經驗、歷練的方方面面，在事務事業的相關上，不能缺乏，而且不親身體會，決難由他人的言語和教材上學會而不出錯誤的。

(4)洞山尊貴的公案

禪人一語不合，常有拂袖而起的情況，不是意氣，而係關乎是非：

洞山到北巖，巖問什麼處來？山云：湖南來！觀察使姓什麼？山云：不得姓！巖云：名什麼？山云：不得名！巖云：還理事也無？山云：自有廊幕在。巖云：還出入否？山云：不出入！巖云：豈不出入？山拂袖出去。

巖來日侵早入堂召洞山云：昨日問上座話，不稱老僧意，一夜不安。今請上座別下一轉語，若愜老僧意，便開粥相伴過夏。山云：卻請和尚問。巖云：不出入事如何？山云：太尊貴生。巖乃開粥過夏。（《請益錄》第五則）

洞山良价，曹洞宗的開創者，雲巖曇晟的弟子。北巖明哲，以住湖北巖山而得名，或曰柏巖。這則公案頗長，而又分為二段。洞山到參，其「湖南來」以上的答話，是見面的寒暄語；至問觀察使為誰，方暗藏機鋒，由湖南到湖北，比喻成由那邊到這邊，問的是誰是「主人」，藉觀察使以比擬之；「至道」、「本體」無以名之，故曰：「不得姓」，「不得名」；如果真的是答觀察使姓名的話，則應說「不知姓」，「不知名」了；「還理事也無」？問的「本體」自己起作用嗎？洞山答以「自有廊幕在」——意謂當然在理事上，起作用，並不是「本體」自己的作為，而且如觀察使的「廊幕」——幕僚在推行；北巖問以「還出入不」——有出入動靜嗎？洞山答以「不出入」——如如之體，是不動不靜；北巖所見不同，故詰問：「豈不出入」？言外之意在問，既不出入，何以由體起用呢？洞山因語不投機，拂袖而出，結束了對話。

北巖事後覺得自己當時後反問，似不圓成，故而不安。次日一早便召洞山，仍伸前問，放棄了住持之尊，請其下一轉語——更圓滿、更明確的語句。於是洞山與之賓主倒反，成為答覆問題的主導：他的一句「太尊貴生」，道出了「本體」的主宰一切的特性，「能為萬物主」，是何等的尊貴？於是北巖滿意而實現了諾言：「開粥過夏」。

知言很難，尤其在深奧的哲理層面，關鍵性的語言上，所謂「一言以為智，一言以為不智」，智與不智的分別，是在中理與否？有無偏失與錯誤？這不僅是咬文嚼字的表達問題，而是深切的見理的程度如何？辨析是否清楚？「豈不出入」？「太尊貴生」的差別何在？由體起用，豈能不出入？是北巘的致疑處；但「本體」是攝動攝靜，所謂「常在動靜中，動靜收不得」，故不出入，以「太尊貴生」，比之於帝王的在深宮，才更合理而深入。

⑸烏臼的曲棒公案

禪人用棒，常有道得打三十棒，道不得也打三十棒，如此豈不是一場場彼此亂棒亂打？其實不然：

僧從定州和尚會裏來到烏臼，烏臼問：定州法道何似這裏？僧云：不別。臼云：若不別，更轉彼中去！便打。僧云：棒頭有眼，不得草草打人，臼云：今日打著一個也，又打三下。

僧便出去，臼云：屈棒元來有人吃在！僧轉身云：爭奈杓柄在和尚手裏？臼云：汝若要，山僧回與汝。僧近前奪臼手中棒，打臼三下，臼云：屈棒屈棒，僧云：有人吃在。臼云：草草打著個漢。僧禮拜，臼云：和尚恁麼去也？僧大笑而出。臼云：消得恁麼，消得恁麼？（《碧巖錄》卷八）

烏臼為馬祖道一的弟子，他和定州和尚的生平都不詳。這僧人與烏臼的答話，並無違失，烏臼以棒打之，乃如「探竿草影」的作用，以試僧人悟的深淺；僧人回以「棒頭有眼，不得草草打人」，係深有自信，不會吃棒；烏臼竟又打他三棒，而云：「今日打著一個也」，乃是賞棒，吃棒的是吾道中人，今日才打到；僧人便出，不以為是無禮的「棒頭無眼」；烏臼又說：「屈棒元來有人吃」，在試一試僧人受棒的反應；僧人的「爭奈杓柄在和尚手裏」，至奪棒反打，乃賓主互換，臼云：「屈棒屈棒」，乃他受棒後的反應，僧云：「有人吃在」，乃以烏臼先前的話回應，意謂是不是屈棒，烏臼應自己明白。臼云：「草草打著個漢」表示打的是普通漢子，乃不分凡聖，而又謙抑；僧人的禮拜，乃崇敬烏臼不是普通的漢子，是開眼的宗師；

烏臼云：「和尚卻恁麼去也」，在機鋒互逞之後，欲留下此參訪的僧人；此僧大笑而出，表示了欲行便行，不戀凡情之意，而不留下；烏臼云：「消得恁麼，消得恁麼。」乃佳許對方，自己吃棒值得。

表面看來，二位禪師不過你打了我三棒，我也打加了你三棒，「扯平」了之後，和和氣氣地分手。其實是機鋒互逞，彼此相知，故佛果圓悟於此著語云：「看他兩個，機鋒互換，絲來線去，打成一片。」如果其間有人「程度」不齊，便不會絲絲入扣了。

曲遇知音，人逢知己，自是一大樂事。但是自己要有水準和程度，才能相契合。名利權位，不包括在內，如有不然，遊方僧敢打住持？住持會任他打嗎？

⑹三聖的透網金鱗公案

禪人的公案，有的喻說巧妙，而涵意深遠：

三聖問雪峰：透網金鱗，未審以何為食？

峰云：待汝出網來向汝道。

聖云：一千五百人善知識，話頭也不識！

峰云：老僧住持事繁。（《碧巖錄》卷五）

「透網金鱗」，是美好而神妙的比喻，禪人開悟了，脫除塵勞煩惱，得大自在，故以透過網的金色魚兒為比擬，如跳過龍門的鯉魚，化龍而去，就是這種景況了；以何為食？以何為資糧？也含有如何「保任」之意；雪峰義存答道：「待汝出網來向汝道。」話中顯然認為三聖慧然，這位臨濟宗的嫡傳弟子尚未「透網」，而又意謂透網了，自然知道以何為食了；三聖似乎反唇相譏，指怪一千五百人善知識的長老不識他的話頭，「透網金鱗」之問，問的不是他自己，暗示他不是在網金鱗——已透網了；雪峰的「老僧住持事繁」，是接三聖一千七百人大知識的話頭，既然事繁，未暇分別凡聖，也無分凡分聖的分別心，不管透不透網，都是魚兒。故圓悟佛果於此著語云：「你若作勝負會，未夢見雪峰在。」二人旗鼓相當，三聖故而不答話了。三聖總不能毛遂自薦說自己就是透網金鱗，何況既是透網金鱗，則如雪竇重顯所頌：「透網金鱗，休云滯水。搖乾蕩坤，振鬣擺尾，千尺鯨噴洪浪飛。」如此神通的金鱗，還要問以何為食嗎？

人類社會似一張網，人際關係，事事物物，種種煩惱，更似重重的繩索網眼，層層將人罩住，想作「透網金鱗」，談何容易！名心淡一分，利心輕一些，寡欲而小求一些，雖未必透網，但網必然鬆了，網眼網索不太能束縛了，網中金鱗想必多了些自由自在，小了很多拘束煩惱。而且透網才更重要，透網之後能吃什麼不重要，因為張嘴即是食。或者張口不吃東西。然而只有大悟才能透網。

(7)龐居士好雪片片的公案

龐居士是馬祖道一的弟子，更是有名的「開眼」俗家人，馬祖道一勘驗他的開悟後，出家和不出家，任他選擇，而且有詩文傳世。

> 龐居士辭藥山，山命十人禪客相送至門首。
> 居士指空中雪云：好雪！片片不落別處。
> 時有全禪客云：落在什麼處？士打一掌。
> 全云：居士也不得草草。

士云：汝恁麼稱禪客，閻王老子未放汝在。

全云：居士作麼生？

士又打一掌。云：眼見如盲，口說如啞。

雪竇別云：初問處，但握雪團打。（《碧巖錄》卷五）

藥山惟儼與龐居士蘊為同輩，在龐居士參訪之後，命十禪客送至門首，想係當時隆重的場面；龐居士的「好雪！片片不落別處！」乃藉景起機，因風生浪，以勘驗相送的禪人；全禪客的「落在什麼處」？龐居士已明言「不落別處」，意謂都落在根本的「本體」上，而他仍作「落在什麼處」的問話，實未「具眼」，故龐居士給以一掌，這「一處」是不可言說的！全禪客的「居士也不得草草」，認為這一掌是不正確而他不應領受；龐居士認為全禪客的反應全然不中肯，不上道，「汝恁麼稱禪客，閻王老子未放汝在」，指其參禪未悟，過不了閻王老子這一關，仍落在生死輪回中；全禪客似乎心虛了追問：居士作麼生——你如何辦？龐居士又打了一掌，告以「眼見如盲，口說如啞」，是指出了開悟之法，要如受了一掌的切實領會，乃見聞知覺之所不及，故云：「如盲」、「如啞」。十個禪客似乎全辜負了龐居士的苦心。到了雪竇重顯別出一轉語，「初問處，但握雪團便打。」意謂不必枉費以後的如許口舌，在全禪客初問話時便宜握雪團打他，雪團更具有親切的象徵性。佛果圜悟道：「是則是，賊過後張弓。」認為這樣對是對了，但未在現場，事過之後，當然很明顯地易於處置得宜了。

飄飛的雪花要能知道落處和不落別處，除了向上一路的體會外，我們也要有這種認知，任何事物知道了其落處，處置才能確實，不會有錯著和落入虛幻之中。推而至於悠長廣闊的人生，尤其要知道落處，做什麼樣的人？能做什麼事？一生的目標是什麼？是大的落處。縱然人在社會，身不由己，即使如飄搖中的片片雪花，總會有落處，惟其有了理想和願景，加上奮鬥機緣，可望不落別處，而如願以償。相傳邱吉爾六十六歲當上英國的首相時，坐在官邸的床上說：他一生的奮鬥都是為了此刻。一生如雪花，此時真不落別處了。

(8)啐啄之機的公案

禪貴自悟，但師資接引，又何能缺？下述的「啐啄」公案，正可顯示：

僧問鏡清：學人啐，請師啄！
清云：還得活也無？
僧云：若不活，遭人笑。
清云：也是草裏漢。（《碧巖錄》卷二）

鏡清道怤，雪峰義存的弟子，以住浙江鏡清寺而得名。他常以啐啄之機，開示僧眾，啐乃小雞出殼時的啐破蛋殼，而母雞在外啄破而照應之，比喻禪人求開悟時的師弟間的共同努力。鏡清示眾道：「大凡行腳人，須具啐啄同時眼，方稱衲僧。如母欲啄而子不得不碎，子欲碎而母不得不啄。」正是最好的說明。僧人的「學人碎」——意謂他已要破殼了；「請師啄」——請鏡清接引，助他一把；鏡清問他：「還得活也無」？其實他已在「啄」了，在這啐啄的關鍵時刻，小雞還得活嗎？意指小雞是活著的話，自有生命力，啐破而出；僧人未在這話頭開示的相助之下，立即收到啄出殼的效果，因為僅能就鏡清的語意上領會，便「死水裏淹殺了」；鏡清一句「草裏漢」，指出了他仍是「落草的漢子」，未能出「草」得悟；所以雪竇重顯頌云：「猶在殼」也。香嚴智閑說得好：「子啐母啄，子覺無殼。子母俱忘，應緣不錯。」如此方能子母相應，啐啄成功。雞啐啄時有殼在，禪人啐啄時有殼在嗎？殼是無形的，從何處啐啄？能處處啐啄嗎？正要「子覺無殼」才好，至少不會有心理上的「殼」的障礙。

此一啐啄之機，最適用的是在學術技藝的究求上，學人遇到了困難，在某處、某關鍵上卡住了，形成了待啐啄的「殼」，有經驗的師長，要相機予以一啄，以竟破殼之功。最多的例子，是論語中記載孔子於弟子質疑解惑的答話，所問的疑惑，是弟子在「啐」而未破殼，孔子的切要回答是在「啄」而助其突出迷霧，也許能顯示的僅是小問題，小困難，但理無不同。在任何疑難的關頭，當事人要盡一切思考作為努力，不能隨隨便便問人求助，這才算盡到了「啐」的努力，如果問人求人而輕易地解決了，則必然不是疑難之處，不值得師長一啄；再者自己未盡到啐的種種努力，又有何心得與體會呢？縱然因師長的啄而解決了困難，那是他人的東西，不會貼上心來，如船過水無痕，不久便淡忘了。看來「弟子啐」、「老師啄」，也非易易。

(9)不說法的公案

常有人說：「佛曰不可說」的語句，多以為是秘密，是隱私而不可告人者，下述的公案，深切而有助於我們的瞭解：

南泉參百丈涅槃和尚：丈問：從上諸聖，還有不為人說的法麼？泉云：有。

丈云：作麼生是不為人說的法？

泉云：不是心，不是佛，不是物。

丈云：說了也！泉云：某甲只恁麼。和尚作麼生？

丈云：我又不是大善知識，爭知有說不說？

泉云：某甲不會。

丈云：我太煞為你說了也。（《碧巖錄》卷三）

南泉普願，馬祖道一的弟子，其後自稱「王老師」，以住安徽省南泉山而得名。百丈涅槃，乃百丈懷海的弟子，住江西南昌奉新縣西的百丈山，又名「百丈惟政」。

百丈問：「從上諸聖，還有不為人說底法麼？」自然是試探性；南泉「有」的回答，也無錯誤；可是百丈追問什麼不為人說底法麼時，他答以「不是心，不是佛，不是物。」不是答案錯了，而是不可說而說了，又是「真心直說」的智知，故而錯了。百丈點醒他：「說了也」，就是此意；此時南泉似「沈言滯句」，未能一撥即轉，「某甲只恁麼」，不但堅持，而且自信已極；而反問「和尚作麼生」？百丈答以「我又不是大善知識，爭知有說不說」？其實是不說之說，暗示南泉，不為人說的法，就是如此，不宜說，不能說。南泉顯然知道話中有話，但未體會，而實在地說：「某甲不會」。百丈倒打一耙，「我太煞為你說了也。」他的沒有說，其實說了，反之南泉真正地說了——「不是心，不是佛，不是物」，其實就是「本體」、「大全」的直說，說了而不悟，是白說，說了而是「真心直說」——則「障其道眼」，成了「敗闕」、「禍事」。故真有不為人說底法，而且說了也不會了了明白。

不說底「法」，世間多有，科技學術上的秘密，不是智慧財嗎？商業上的秘密，國家的機密等等，能說嗎？個人的隱私能說嗎？說了有時要負刑責；還有傷人的話，傳播是非、無根據、無道理的話，雖然不一定是法，也不能說，司馬光的事無不可對人言，也只限於個人的隱私吧！顯示了光明磊落的一面而已。

⑽南山鼈鼻蛇的公案

一簡單的通俗話頭，卻有四位耆宿答話，極為熱鬧：

雪峰示眾云：南山有一條鼈鼻蛇，汝等諸人切須好看。

長慶云：今日堂中，大有人喪身失命。

僧舉示玄沙，玄沙云：須是稜兄始得。雖然如此，我即不恁麼？僧云：和尚作麼生？玄沙云：用南山作什麼？

雲門以拄杖攛向雪峰前，作怕勢。（《碧巖錄》卷三）

雪峰義存，德山宣鑒的弟子，以住福建雪峰山而得名，這一公案有長慶慧稜、長沙師備、雲門文偃的世次相接之禪宗大師的著語，甚為特別。雪峰說：「南山有一條鼈鼻蛇，汝等諸須好看。」以這形象化而又世俗之物，挑起了問題，南山蛇、長河蛟等，不是平常即有之物嗎？蛇雖在南山，也可進入大家的心裏，故須「好看」；

「蛇」是何物？長慶接住話頭，出語驚人：「今日堂中，大有人喪身失命」。意謂蛇已進入了心裏，如一念之貪，乃至一味貪求作佛，也不免喪身失命，落入生死輪回之中；話頭傳到了玄沙師備處，他讚美了長慶慧稜的著語，但他認為「用南山作什麼？」意謂蛇在南山，就在南山吧！為什麼會到「堂中」呢？而且「南山」也可象「本體」、「佛心」，開悟了與之同在，有什麼蛇的問題？洞山良价更活活潑潑，換賓作主，以拄杖作勢攛著蛇向雪峰，又作怕的樣子，考驗他如何應付。這一公案，令人悚然生畏。

人人都有一條這樣的蛇，如雪竇重顯所頌：「如今藏在乳峰前，來者一一看方便」。「蛇」不是在南山，而是人人乳峰前面的心頭，不要看腳下而怕被咬，來參此公案的，一一看著，蛇的出來，方便的很，一下子就到腳下了。蛇雖在心，有手段的，能揑住蛇的七寸，使之動彈不得；有智慧的，蛇在南山，不會到心；能透悟的，可與蛇共舞；可是參照世情，被纏住、被咬著的多。主要沒有南山有蛇，和心上有蛇的警覺而起戒備。說的容易做的難，參領悟的更難。何況「蛇」的「毒素」又千千萬萬啦！

以上十例是禪宗師機鋒互逞的情況的概略，沒有劍拔弩張，甚至無舌劍唇槍的熱烈，更絕鮮蘇秦張儀的滔滔雄辯，但是每一話頭，每一動作，像閃電般的智劍，直劈而來，垂一言半語，則直插要害，無回避處。若深入體會，千年百世之後，仍煥發出智慧的光芒，似在半空中閃耀，照亮了你我的心靈，又如「雲在天空水在瓶」，似求之遙遠，卻又味之親切。每一公案的發動，都具有救世的慈悲心，所謂「老婆心切」，而所表現的是「殺人劍」——以斬盡世俗的惡知惡覺，或者是「活人刀」，為人去縛去纏，得大解脫；而又各自從心肺中流出，相互關切，而又相互否定，不肯「婆子學舌」，說人家說過的，也鮮嘮嘮叨叨，重抄冷飯，一動一句，均有新奇感、啟示感、切貼感，和霧裏看花的神秘感，難以捕捉的迷離感。似夏天吃霜淇淋，涼爽透心肺，冬天喝熱湯，暖遍周身，這真是中國古人的智慧形成的寶貝。

㈤肢體呈機類

現代盛行肢體語言這一名詞，即以肢體的動作，形成一種同於語言意義的表達，因為有了文字語言之後，再以肢體的動作來表情達意，未免太差勁了，似乎也不必要了。其實不然，戲劇這一以動作為主的表演藝術，固然是以肢體動作為主，而舞蹈更是人全係以肢體動作成為代替語言的詮釋，而且嬰兒一個含笑索抱的動作。少女眼眉傳情的嬌柔，幾無語言可以替代，這種肢體語言的效果，真是不言而喻。然而最令人震驚而稱奇的，是禪宗師以肢體呈現的機鋒，用棒用喝不必說了，揚眉瞬目，豎拳拂袖，已甚平常，且看下敘的公案吧！

⑴翠巖的眉毛公案

說話之後，眉毛會掉嗎？當然不會，然則意義如何？

翠巖夏末示眾云：一夏已來，為兄弟說話。看翠巖眉毛在麼？

保福云：作賊人心虛。

長慶云：生也！

雲門云：關。（《碧巖錄》卷一）

翠巖永明，雪峰義存的弟子，以住南昌西山中之翠巖寺而得名。他的「一夏以來，為兄弟說話，卻看翠巖眉毛在麼？」是真的眉毛沒了麼？真的沒了，則有自然脫落的、剃掉的、拔掉的各種可能，但顯然不是，才是肢體語言：如雪竇重顯所頌：「翠巖示徒，千古無對。」明明是對參禪者的開示。因為他一夏以來，說話太多了，道破了，因而受罰了，以致懷疑自己的眉毛掉了，所以保福才說：「作賊人心虛」；長慶的「生也」，是眉毛生了嗎？當然不是，既不是真的落掉了，怎會生呢？意謂不悟向上一路，又生了枝蔓，拈出了另一問題；雲門的「關」，乃其一字禪的一貫作風，似問：有人過關了嗎？也似乎說：好難的關卡呀。這四人都是同門師兄弟，卻各有見解，當然知道「落處」——在提撕學人的向上一路。如果不能悟入，作任何的忖測，都是多餘。

我的眉毛在麼？是極簡單的肢體語言。可是當時卻無人回答眉毛是在、或是不在，可見不是真正落在現實的實問實答上。以後的佛果圓悟在這則公案舉出之前道：「會則途中受用，如龍得水，似虎歸山。不會則世諦流布，羝羊觸藩，守株待兔。」這則肢體語言的公案，真是奇妙，真正的意義，無從把握，真是難解的肢體語言。因為顯示的是向上一路的奧秘。世俗之人，也要多用肢體語言，一個擁抱，一次握手，一個微笑，傳達多少情意？多少溫暖，領悟之後，要多多運用。

⑵一喝再喝的公案

俗諺之中有常常在用，而莫明所以然的，要數當頭棒喝了，棒是「棒打」，喝是「喝吼」，都出於禪宗，所謂「吃棒有份」、「放子三十棒」；「一喝耳聾」、「一喝再喝」；尋求其意義，既不是打罵處罰，也不是侮辱輕視，反而是激勵、啟導、警惕、掃除等等的作用，使參禪者迷而知返，錯而知非，下面的一喝再喝，甚為奇特：

> 睦州問僧：近離甚處？僧便喝。
> 州云：老僧被汝一喝！僧又喝。
> 州云：三喝四喝作麼生？僧無語。
> 州便打云：這掠虛頭漢。（《碧巖錄》卷一）

睦州道明，乃南嶽懷讓法系之下，黃蘗希運的弟子。以住浙江睦州的龍興寺而得名。用喝盛於臨濟，當時學之者眾，所以臨濟云：「我聞爾等總學我，我且問你，東堂有僧出，西堂有僧出，兩個齊下喝，那個是賓？那個是主？爾若分賓主不得，已後不得學老僧」可見用喝的不能亂來。睦州問僧「近離甚處」？被此僧一喝，乃喝其不應作世俗的寒暄應酬，而非向上一路的機鋒；睦州不能表示反對，故曰：「老僧被汝一喝」，表示認了；僧人又喝，似一喝不作一喝用，表示睦州是一種誤認，或者不是他所顯示的一方，均為睦州所許；睦州問以「三喝四喝後作麼生？」——是何意境？僧人無語句，也無肢體動作，顯然未能通透考驗，被睦州棒打，而且指出了這僧是「掠虛頭漢」——要虛頭的人，未到真悟實證的地步。所以佛果圓悟評此僧的兩喝為「虎頭蛇尾」，雖不全然無知，卻是所得有限。

今天還有棒喝嗎？用棒是打架動粗，用喝是發怒爭吵。但是我們要有接受當頭棒喝的觀念：首先對於父母師長的責打斥罵，不要認為是受辱和體罰，而反省所犯的錯失，當作懲戒癡頑；被棒被喝，要有一種體悟，不犯錯，改正缺失，就不會被棒喝了；立身社會，很難受棒喝了，但是在成敗的關頭，至戚好友的諍言，甚至激烈的反對，更是當頭棒喝，不要錯失了覺醒回頭的機會；敵對者的反對，攻訐者的苛責，如果能下決心靜氣地思考，何嘗不是當頭棒喝呢？最基本的，要認識禪人的棒喝，不是侵侮，而是一種警醒的肢體語言，則會心甘情願受棒受喝了。

(3)聞有言便倒臥的公案

禹聞善言則拜，顯示了服善之心，兼有從善的誠摯，而禪宗師恰有相反的公案：

鏡清問雪峰：古人有言，峰便倒臥。良久起云：問甚麼？清再問。峰云：虛生浪死漢。（《空谷集》第三十五則）

鏡清道怤，雪峰義存的弟子，以住浙江紹興之鏡清寺而得名，他又曾住杭州龍冊寺，亦稱龍冊道怤。鏡清在問「古人有言」，是在扣問古人所言的意義，雪峰的便倒臥，表示了不欲聞、不欲答的態度；在倒臥良久之後，實即默然良久而再問鏡清這問話人：問什麼？鏡清仍呆呆地再問前一問題，被雪峰斥責為「虛生浪死漢」——現時人所說的「白癡廢物」。因為雪峰常道：「我若道東道西，汝等則尋言逐句，我若羚羊掛角，汝等向甚麼處捫摸。」顯然這一倒臥的肢體語言，他以後的「高弟」在未「開眼」以前，也「捫摸」不著也。

鏡清的臥倒，也是善意，因為任何的話頭，如果不是自己悟透了，而由自己的肺腑中流出，都是他人的，不但不關己事，而且會有「死在句下」的危險，所謂「一句合頭話，千載繫驢橛。」在學術的研究上，雖然沒有因問一句話而迷失的問題，但「文章切忌隨人後」，記住了，甚至用了別人的話，也不過是雷同一響的應聲蟲，如果據為自有，則是剽竊，甚至侵犯了他人的智慧財產權。所以不要記人言句，古人的也不必抄用。

(4)投子凡聖的公案

禪宗師使用肢體語言，更加增添了撲朔迷離、和不知所措之感：

僧問投子：凡聖相去幾何？

投子下禪床立。

投子大同，翠微無學的弟子，以居安徽桐城的投子山而得名。在禪宗而言，凡聖之隔，即悟不悟之別；僧人問凡聖相去幾何？其意如此，投子不予語言回答，而以行動示意，以離禪床而起立，凡聖的距離如此，意謂迷悟實僅一線之隔，故禪宗師云：「儻能一念回光，片時返照，忽然自肯，直下承當，本自圓成，不勞修證。」本具的佛性激發了，即能開悟，所謂「本來現成事」。

世上能悟達的事物，由迷而悟，沒有實際的距離，只有心理上的距離，往往是前念後念之別而已，前念未悟是迷，後念悟了是突破，以往的迷團、難處，往往迎刃而解，如朱子的〈觀書有感〉詩所說：

昨夜江邊春水生，艨衝巨艦一毛輕。當時極費推移力，此日中流自在行。

以前不能不會的，功夫到了、悟了、此刻都破除了，七縱八橫，無不如意，可見悟的重要，不僅在開悟成佛上，事事物物均要求悟其理、領會巧妙奧秘，才無往而不自在，橫說直說都有理。

(5)一踏大悟的公案

臨濟三度問話，三度遭棒打，是被人指點，不是找他的過失而加的體罰，方恍然大悟。而下述的公案，則是挨踏的當時即見效：

水潦和尚問馬大師：如何是佛法大意？馬祖與一腳踏倒。水潦豁然大悟。起來呵呵大笑道：百千法門，無量妙義，衹向一絲頭上識得根源去。（《請益錄》第九十三則）

水潦和尚是馬祖道一的弟子，身世不詳。水潦問「如何是佛法大意」，乃最常問的話題，如依佛的法施而作答，當有千言萬語，而馬祖的給以一腳而踏倒，與其所問，毫不相干，這是宗門的奇特處，因為問的雖是佛法，目的在求開悟，而水潦竟然在此一腳踏倒之下而「入」了，其悟後的著語和大笑，無形之中經過了馬祖的勘驗而承認，當然也是逢緣悟達的一例，簡單地說，是外在的機緣巧合，如碰到機關而突然發悟，如頑童的戲嬉，撞到了電燈開關，而大放光明。「衹向一絲頭識得根源去」。水潦說明了只這一點點的機緣便識得了根源，而悟了，而返本還源了。

表面上這一腳無理的很，弟子問問題，該挨這一腳嗎？而又奇神的很，竟然踏中了水潦的開悟「機關」。但是仍有其他的條件，必然是水潦沒有挨踏受辱的感覺，否則怒氣沖心，何能悟解心開？當需有對宗師的瞭解與崇敬，知道這是一種肢體語言，正在向他作開示，才觸機成悟的；還有水潦應是求教求悟心切，如箭在弦上，一觸而發，方能一撥而轉。

史記頗詳細地記載韓信在淮陰受到惡少的生死威脅，而匐伏出胯下，而且怕姿式太高，觸怒而被殺，爬得低低地，成為忍辱負重的美談。但比之水潦的被一腳踏倒而開悟，在意境上頗有不如。但我們參究這一公案時應得到一個法則，有時遭打受罵，不能以受辱領會，要反省我有沒有過失？對方是誰？拔劍而鬥，是何後果？於是考慮了、忍受了，必然是激勵向上的動力。

(6)大隨豎拂的公案

禪師常執拂塵、拄杖子，於是隨手取用，成了肢體語言的一部分或道具：

僧辭大隨，隨問什麼處去？

僧云：峨嵋禮普賢去。

隨竪起拂子云：文殊普賢，祇在這裏。

僧畫一圓相，抛向背後。

隨云：侍者，將一貼茶與這僧。（《請益錄》第八十三則）

大隨法真乃長慶大安的弟子，以住四川隨縣之大隨山而得名。僧人辭大隨而行脚參訪他處，乃極平常之事，大隨問其「什麼處去」，亦係應酬話。僧人答以「峨嵋禮普賢去」，已來機鋒，因為佛教以南海為普賢菩薩的道場，竟答以「峨嵋禮普賢」，寓有殊賢不專在普陀而無所不在的意思。也以之考較一下大隨具不具眼？大隨舉拂子，乃以代表「本體」、「大全」，所以才說：「文殊、普賢祇在這裏」，一切都包含在「本體」之內；僧人畫了「一圓相」——圓圈，而且將這圓圈作姿式抛到背後，與大隨的竪拂子同一意義，以圓圈代表「本體」，而抛到背後，表示不必作此區分。大隨「印可」了這一禪見，而命侍者與一貼茶以示嘉許。除了簡單的對白，都是肢體語言，有似默劇，而二人的機鋒互逞，卻又平分秋色。有了上述的瞭解，才知道「目擊道存」的真正情況，這二位大禪師的表現，是有「諸內而形諸外」，以肢體語言為主，機鋒互逞之時，無一絲遲疑，而又針鋒相對，彼此都是完美的見道動作。肯定之餘，我們也要反身而求，知須真知，悟需徹悟，一舉一動是內在的表現，瞭解透了，在肢體訴求的表現上才能中規中矩，不會亂來。

(7)巖頭的拜喝公案

二位禪師相見，一個喝，一個拜，已夠讓人難懂這肢體語言的了，卻又引起了另位宗師級的評論和當事人的拒絕接受，顯得特別熱鬧：

> 巖頭到德山，問是凡是聖，山便喝，頭禮拜。
>
> 洞山聞云：若不豁公，大難承當。
>
> 頭云：洞山老漢，不識好惡，我當時一手抬，一手搽。（《從容錄》第二十二則）

巖頭全奯亦名豁，德山宣鑒的弟子。此乃參請的公案。巖頭參見德山時，跨門即問「是凡是聖」？乃試探德山，德山以一喝回答，未表示是凡是聖，似喝其不要有此分別心。巖頭禮拜，有尊崇德山為聖者之意。洞山良价聞知之後，認為不是巖頭，承當不了這一勘驗，知道德山確是聖者，才禮拜而加以尊崇；然而巖頭不承當洞山的著語為全然有理，表白他當時禮拜的肢體語言之意：「我一手抬，一手捺。」大有兩手策略之意，即有褒有貶，表面上禮拜德山是聖者，實際是一種試探，如果德山真的以聖者自居的話，那就行有未逮而「分凡分聖」，不是頓悟無餘的最高境界。因為仍有分凡分聖的分別心，而且自以為是開悟的聖者，可能是「禍事」，如牛頭法融的聖瑞未除時：「百鳥銜花有禍胎」。恐有悟後迷的危險，所以才說「一手抬」、「一手捺」，如今所謂的「兩手策略」。看德山「具不具眼」——是否見到。

人都喜歡被稱讚，帽子戴得愈高愈好，古代的帝王，稱朕稱聖還不夠，要集文武神威德恩等等的美號於一人，生前聽貫了仍不滿足，還要顧及到死後的諡號，例如左宗棠已是陝甘總督，在軍情緊急的時候，居然要請假回籍考進士，慈禧太后茫然道：「左騾子要幹什麼？」某位軍機大臣回說：「無非是為身後的那個『文』字。」因為清代的諡法規定，沒有成進士，死後不能諡號一「文」字，慈禧給予左宗棠的進士頭銜，所以才能死後稱左文襄。但是稱譽過情，名過其實之時，除了拍馬逢迎的諂媚外，往往是「一手抬，一手捺」，褒中寓貶，而且褒小而貶多，例如寫字只是一般的水準，被人稱為書聖，不太糊塗的官而入號包青天等等，都是被人一手抬，一手捺，不要以稱青天自喜，而要省思一下，自己上不上得了這一檯盤，如有不足，便是譽小而諷多，根本不夠條件，更是有諷刺而無稱讚了。

巖頭禮拜德山為聖者，抬的這一手已很利害，而捺的這一手，似乎未被洞山一宗之主識破，則更為利害；所以要小心口蜜腹劍的人，有時候拜的後面，不是「捺」的試探，而是下毒手的一刀。

(8)雲巖掃地的公案

禪人因為「常常個事掛心頭」，所以在意識作主，意識掛帥的情況下，機鋒互逞，便常常見之於日常生活行動中：

雲巖掃地次，道吾云：大區區生。

巖云：須知有不區區者在？

吾云：恁麼則有第二月也。

巖提起掃帚云：這是第幾月？吾便休去。

玄沙云：正是第二月。

雲門云：奴見婢殷勤。

掃地是日常的清潔工作，但在佛教之中，住持、方丈不但不會掃地，連沙彌也不太可能去做，因為佛法之中，有驅烏沙彌而無掃地沙彌。禪宗則不然，百丈提倡一日不作，一日不食，禪門的寺廟僧團，便成為一彼此互助相依的勞務生活的整體，既稱雲巖，則表示曇晟已住湖南攸縣的雲巖寺而為住持，自不應親自掃地，卻在作此勞務；道吾圓智由掃地的方面著語道：「大區區生！」能掃乾淨的地方太少了，當然話中有話；而答「有不區區者在」，暗示著不止於掃地；道吾不依不舍地追問：「恁麼則有第二月也」——既有了這樣的分別心，則不是絕對的，如「月」之外，有了第二月，雲巖提了掃帚云：「這是第幾月？」意謂一切都代表「本體」、「大全」的掃帚的包涵之中。道吾同意了，便休息而不答話了；可是玄沙師備卻著語道：

「正是第二月」，「本體」、「大全」是如此的嗎？掃帚所可代表正是「第二月」，是符號的，概念中的。雲門文偃下了另一轉語：「奴見婢殷勤」——三禪師的表現，都是奴是婢，不是真正的「主」——絕對的「本體」。只能殷勤地為「主」爭論。

一個掃地和一個掃帚，產生了如許的機鋒，和四人針鋒相對的語言，而又含義不同，卻又彼此相關，是無風起浪，流於多事了吧！可是禪人有話道：「未逢劍客休呈劍，不是詩人莫獻詩。」既然詩人相見，劍客乍逢，便自然地呈劍和獻詩了，不是有意的較量，而是所見的自然反射，「有德者必有言」，可以當之無愧。而且如曲遇知音，彼此都有會心和欣賞，不是無聊的亂談瞎扯。

(9)藥山升座的公案

禪宗的公案，最多的是話頭，不論如何說，總算開「金口」說了，而下述的公案，則全然以不說為說：

> 藥山久不升座，院主白云：大眾久思示誨，請和尚為眾說出。山令打鍾，眾方集，山升座，良久，便下座，歸方丈。

主隨後問：和尚適來許為眾說法，云何不垂一言？山云：經有經師，論有論師，爭怪得老僧！（《從容錄》第七則）

這一公案與前文世尊升座如出一轍，而機鋒頗有不同。藥山惟儼，乃石頭希遷的弟子。他應允了院主向大眾說法的要求，卻在大眾已集，升座之後，只「良久」——默然良久，便歸方丈。其實就在默然良久之中，已顯某種法要，已經說了，「莫道無語，其聲如雷」。但座主和大眾無一能瞭解，也不能接受，才有院主的追問：「云何不垂一言」，大有責怪之意。藥山答以「經有經師，論有論師，怎怪得老僧！」經師、論師，是佛教下的講經的說法人，言外之下，他是禪師，何必講說！他已開示過了，他的默即說。正如世尊的默然而外道得「入」——「良駟追風顧影鞭。」不但振振有辭，仿佛這一解說也非必要。

沈默是金，似可作這一公案的註解。我們只有在難言之隱、或未到真相揭曉之時，才不得不沈默。在應允了為僧眾說法之時，卻來了這種默然良久的肢體語言，更大異以前的言語開示，僧眾的一頭霧水，是應有的反應，也是座中並無開眼人，也未因此而激發座中的開眼人，所遺憾者在此，不是德山錯了。

在特殊的場所，面對難於表態的問題，我們往往只有默然良久的一法，沈默也是一種回答和「語言」，而且是贊成，也可以是反對和不贊成，也不反對的方式，其實答案已在其中，如果佐以臉色、手勢等，答案可能已明顯了，對方也難咄咄逼其公然開口表態吧！

⑽仰山插鍬的公案

禪宗與佛教最大不同之處，是上下一體，擔任勞務，在工作中不影響修持，充分做到了行亦禪，坐亦禪。

溈山問仰山：甚處來？
仰云：田中來！
山云：田中多少人？仰插下鍬子，叉手而立。
山云：南山大有人刈茆。仰拈鍬子便行。（《請益錄》第八十三則）

溈山靈祐，仰山慧寂，同為溈仰宗的建立者，此外尚有二人的摘茶公案，可見其親任勞務的情況。在二人對話中，有「世諦流布」——即世俗的寒暄，溈山問「甚處來」，乃寒暄問話，仰山答以「田中來」，亦係如此；至問「田中多少人」，則帶有雙關的機鋒，一方面在問田中工作的有多少人，一方面寓有到了「田中」——徹悟的有多少？故天童正覺於此著語云：「只父子兩個」。謂僅師徒二人而已；仰山的插下鍬子，叉手而立，表示他知道了溈山的話頭，放下了工具，表示他是「田中人」，不是田中工作的人，溈山的「南山大有人刈茆」，乃接上前面的語話：意謂仰山已證悟了，登上高峰了，可以割除茅草，出而住山說法了。仰山的拈鍬子便行，顯示了可以承當，也願承當的氣概。

這一公案，顯示出仰山知道了溈山如何在勘驗，他也能通過勘驗，等於今時的學子，通過了某一考試，而最奇特的，是「不著一字，盡得風流。」只用了插下鍬子，叉手而立，和拈鍬子便行的兩下子肢體語言，便過關了，真是「不風流處也風流」，其所以能如此，乃有諸內方能形諸外，而應用自如，所謂「超以象外，得其環中」，方能「以應無窮」。關鍵在仰山真正地悟了，由知道溈山話頭的落處，而應對自如。

以上十個公案，是極明顯而成功地使用肢體語言，逞機鋒，示禪境的例子。至於隨伴著語言和其他情境的一舉手、一揚眉、豎拂、默然等，實無法一一舉述。顯然突破了向下一路的情感傳達和情緒反應等，而切入了向上一路的顯示，是哲理、禪境的形象化，故而每一肢體動作，都有形而上的寓托，都有落處，明眼人一望而知，故而勝過「默而說」，看來使用肢體語言最多，最成功的，沒有能超過禪宗中人的了。

㈥理趣盎然類

禪人開悟之後，其所得的是智慧，又以大圓鏡智，形容其廣大和圓滿；至於所達的境界，往往以「空」——表示其非實有的「空虛」、「空無」，卻又矛盾地表示，並非空無所有，所以說「真空不空」；又與「空」相對的「有」作了矛盾的連接，「亦空亦有」；即為我們形容此一「入處」所熟知的「見山不是山，見水不是水」，所見究竟為何？和「橋流水不流」的神奇，依世俗所知，橋在「流」了，水不流時，誰能知橋如何能流？水又如何不流了呢？如果如此追問，則是執相求禪，也不會有答案，因為「到者方知」，這就是「妙高峰上，不容商量」，而不可道，不可說之處。至於因證悟而得的智慧，如何開悟？開悟的過程和異常的感覺，尤其在「保任」成功之後，是能言說的，可思惟擬議的，則稱為「第二峰頭，尚容私會」的部分，依現代的學術分類，稱之為宗教學術或宗教哲學，如佛教之稱佛學、禪宗之稱禪學。

就「理」之可表現、可言說的部分而言，禪宗與佛教及哲學家之最大不同，不是訴之理性的邏輯理解，而是寓理於舉動的象徵和語言的含蓄中，甚至「情餘言外」，故而形成理趣盎然的一類，尤其在公案之中，有理可會，有趣可得，沒有傳統邏輯的同一律；A等A般的概念確定，也沒下定義法的界定某一事理，皆由「會心」而得。

(1)有佛無佛的公案

佛家常言，佛性遍周沙界，可是禪宗有有佛無佛的公案，而且流傳無窮，以其當理而又可玩味之故：

趙州云：有佛處不得住，無佛處急走過。

趙州從諗，前已多次敘及。此一公案，尚有其未提及的背景：

趙州因僧告辭，師問：甚麼處去？
僧云：諸方學佛法去！
師豎起拂子云：有佛處不得住，無佛處急走過，三千里外，逢人不得錯舉。
僧云：與麼則不去也。
師云：摘楊花，摘楊花。

依理而言，佛性既遍周沙界，有何有佛處與無佛處之分？就開悟見性而言，已成佛正應「住」在佛的聖境中；竟然說「有佛處不得住」，指出開悟的人，不能落在這聖位中，要負起教化眾生的的責任；未開悟的人，於不能開悟的境界，要急急走過而求開悟；其舉起拂子，即以代表「有佛處」，不必去三千行腳，逢人也不能錯舉這話頭;僧人的「與麼則不去!」是認識了趙州了嗎?還是有了個「入處」呢?趙州的「摘楊花,摘楊花」,語意不明,語氣則有贊許之意。楊花是不堪摘採之物,而竟然摘取到了,應是有個「入處」了。

世俗之中,往往是名利場所久久住下,是非之處急走過;有名有利了,其中有味,如上了毒癮的人,無不沉迷依戀其中,所以有位高官說:「人生七十才開始」,而他的部屬,則依法六十五歲限齡退休了。他不知道嗎?只是依戀於高官厚祿和權位的著意表達,恐怕被他的長官,因其高齡而要他出「局」。是非之處急走過,那是在社會上的常態,何必「見義不為無勇也」呢?中國人不必參早已悟了。但是名利場所不久住,最大的好處,是可防止心靈的腐化,不會有僚氣。

(2)見過於師的公案

禪人重師承法脈,惟恐弟子不成材,故重超師之見:

巖頭辭德山,山云:子甚麼處去?

頭云:暫辭和尚下山去!

山云：子他後作麼生？

頭云：不忘和尚。

山云：子憑何有此語？

頭云：豈不聞智與師齊，減師半德。見過於師，方堪傳授。

山云：如是如是！善自護持。（《請益錄》第五十六則）

巖頭全奯，即德山宣鑑的弟子。他的辯別，和對德山的問答，前段似乎均係普通的應酬話，但實有深一層的意義，「暫辭和尚下山」，含有不久重回，而未答以到何處行腳參請：「子他後作麼生」？竟答以「不忘和尚」，真是答非所問，卻有繼承德山法脈的意味，可能再加氣質表現的不同，引起了德山深切的感受：「子憑何有此語？」竟乃勘驗其悟境的用意，不然，以上的對話，真不涉及要憑什麼的問題；巖頭的「智與師齊，減師半德，智過於師，始堪傳授」，實是開悟人語，寓有超師之智，堪作德山的傳人；德山的「如是如是，善自護持」。乃經此勘驗後的「印可」語——承認了他是開悟了，而囑咐他「要善自護持」——好好地「保任」。依此對話，可見巖頭此前未為德山所知，大概係行腳參訪的禪人，不然不會不相知而驚訝了。

孟子的得天下英才而教育之，當然要有知人之明，先識其為英才，韓愈的「弟子不必不如師，師不必賢於弟子」，道出了雖然有了師生的關係，但天資的高下，是另一問題；而「智過於師，始堪傳授」，那「智與師齊，減師半德」，隱然有不堪傳授，或只能勉強傳授了；表面上是重超師之智，實質上是「開悟人」的語句。但超師之智，是禪宗特重天才的說明，惟注重不是今天的高「智商」，而偏於利根大器的「佛性」的潛能方面。故「智過於師，始堪傳授」。不是傲慢。

(3)洞山的賓主公案

有賓有主，是我們習以為常的事，主要的含義，不外主人和賓客的關係。而禪公案的意義則大不相同：

洞山問隱山：如何是主中主？

隱山云：長年不出戶。

洞山云：如何是主中賓？
隱云：青山覆白雲。
洞云：賓主相去幾何？
隱云：長江水上波。
洞云：賓主相見，有何言說？
隱云：清風拂白月。（《請益錄》第二十二則）

洞山良价，已見前文，隱山在湖南湘潭縣，又名龍山，馬祖道一的弟子居此而得名，身世不詳。洞山的「主中主」，指的是一切事物的主宰——「本體」、「大全」之意；隱山答以「長年不出戶」，指「本體」的不落動靜；洞山問的主中賓，是與「本體」、「大全」相對的現象界、色界；隱山答以如青山之上覆被的白雲，可見形象、動靜等變化；洞山問的賓主相去幾何？乃問二者的距離和關係，隱山答以「長江水上波」，二者有一體的關係，毫無間隔，如水的動而成波浪；洞山問「賓主相見，有何言說？」實際上本體和現象沒有相見不相見的問題，故問的是二者如賓主的相對，有無言說的酬應？隱山答以「清風拂白月」，只可有同和異的領會，不落言說。二人用的都是哲理的形象化語言，隱山更用了美麗的詩句，將不可說，難於說的形而上的「至道」，藉形而下的事物表現了，寓說了，使人洞然明白，試加玩味，而意趣出。

世俗之事，有理有事，事顯而理隱，理在事中，正如「青山覆白雲」，所以我們可貴的要即事而求理，因理而明事，事有事相，表現於外，理為主體，產生事相。古人云：「鴛鴦繡罷從教看，莫把金針度與人」。鴛鴦繡成了，是明白而可見的事物，可是繡成的是金針和用針刺繡的技巧，只看繡的鴛鴦，是得不到何以繡成的奧妙的。

⑷臨濟的賓主公案

禪人接引學人，用喝用棒，已令人難明其奧妙，二人同時用喝，竟有賓主之分：

臨濟兩堂首座齊下喝，僧問濟：還有賓主也無？

濟云：賓主歷然。

臨濟義玄，前文已敘介。臨濟的用喝，有許多的作用，主要在以消除學人的情識意想和惡知惡覺，以激發本具的佛性潛能而開悟，其時已形成了風氣。他門下的兩堂首座相見時一齊下喝，自旁觀的第三者而言，應無賓主之分和能明白可見，故僧人問臨濟：「還有賓主也無」？所謂賓主，乃如上一公案以「主」代表「本體」、「大全」，以賓代表「作用」、「現象界」；臨濟的「賓主歷然」，意謂二首座雖一齊下喝，仍賓主歷歷分明，蓋指悟境的不同，和其表現分出了高下；復二人用喝的動機表徵及真正喝的先後和當否而分出了賓主；最恰當的解釋是二人均係賓，對本體或向上一路的主，形成賓主，故曰賓主歷然，因而對問話的僧人，加以指點，僧人似乎明白了，故未追問，但未著語，可見似未起重大的作用。

就事物的相對和對待而言，往往形成了種種的賓主關係，不但交際應酬之時，有賓主之分，文學、藝術上也有賓主之分，例如主題是主，襯托主題的是賓，所謂「牡丹雖好，還要綠葉扶持」，已明白地說出此一道理，認清了這些，才不至於喧賓奪主，不尊重主題，形成了紊亂。

⑸百丈打散的公案

世人的管教子女，有十句好話勸導，不如一巴掌的觀念，然而百丈用拄杖打散大眾，意義大有不同：

百丈上堂，大眾方聚，以拄杖一時打去，復召大眾，大眾回首。丈云：是什麼？（[5]《請益錄》第三則）

百丈懷海已見前文。其上堂本為說法，然大眾方聚，卻以拄杖打去，打散，又復召大眾，大眾回頭的時刻，卻突然而問：「是什麼」？最實在也是最笨的答話，是百丈在打人，這顯然不合百丈之意。百丈本要說法，其所顯示的是不說之說：「語默涉玄微，如何通不犯」？顯示「諸法實相」，不可言語論說，一時打去的寓意應是如此；其後復召大眾，在大眾回首之時，應是掃去了情識意想，鼓動了疑情而問「是什麼」？問見到了什麼？領會了什麼？無人答話，也無反應，可見白廢了百丈這場苦心。

這種「不說之說」，「不言之教」，要收到開悟的效果，不是不可能，而是難之又難。相傳何紹基練字到了「高原現象」未能突破之時，睡夢中在夫人的身體上以手劃字，其妻推開而抱怨道：「人各有體，在我身上劃什麼？」「人各有體」，震撼何大書家，才猛省要創自己的書法之體，而不是只學他人，真是不相關的一言而驚悟了夢中人。可惜這一公案，是宗師的有意開示，沒有達到任何效果。

(6)法眼的質名公案

禪宗師不注重記他人文句，偶然不經意地也有援用：

> 僧問法眼：承教有言，從無住本，立一切法。如何是無住本？眼云：形興未質，名起未名。（《從容錄》第七十四則）

法眼文益，已見前文。僧人以「無住本」的問話，出自維摩詰經。金剛經則有「應無所住而生其心」。無住之意，謂不停住、不凝止於某一物，某一處，指不住聲、不住悟、不住體、不住用，能為如是法之本者的「諸法實相」。也許是宗風的不同，如果此問話遇上了臨濟，則極可能遭棒遭喝，文益有天臺宗的背景，乃就問而引僧肇的「寶藏論」「形興未質，名起未名，形名既兆，遊氣亂清。」而略去了後二句，意謂有形物體的出現，是出在未有質以前，含有形而下的事物，為形而上的「無住本」的道體所出之意，正如名相的生起或成立，是先於沒有名相之前，有了名相，乃約定俗成，都是無住卻又無所不在的「本體」之主所致。這一公案顯然與其他的甚有不同，不但針對了問題，而且是語句對語句，都是引用他人所說。

空氣是無所不在而又「不住」的，是我們呼吸之本，思惟也是運用不停亦是「不住」的，是我們言語行為之本，知道有「本」則於一切事物必能有較深入的認識；有「無住」的觀念，才知道事物中有推移流變的存在，「聖人不凝滯於物而能與世推移」，其故在此。

(7)瑞巖的常理公案

禪人有理入和講理之談，但內涵及意義與世俗極為不同：

瑞巖問巖頭：如何是本常理？

頭云：動也！

巖云：動時如何？

頭云：不見本常理。巖佇思。

頭云：肯即未脫塵根。不肯即永沉生死。（《請益錄》第五十六則）

瑞巖師彥，以住浙江黃巖縣之瑞巖山，瑞巖院而有此稱，乃巖頭全奯的弟子，巖頭的簡介已見上文。何謂「本常理」？指根本經常之理，而理非道理之意，乃「本體」、「大全」；巖頭答以「動也」，似根本上未解答「本常理」的意義和內容；但避免了真心直說；而且表示了「本常理」不是虛無寂靜的，在流動而形成變化的宇宙萬有；尤可解釋在他問話之時，此「本常理」已在「動也」——而顯示了諸多的作用；瑞巖似乎有所不解，而追問動時如何？巖頭的答話最為玄妙：「不見本常理」，指「本體」的「動也」所產生的流動變化，並見不到「本體」的真實「諸法實相」。瑞巖的「佇思」，已落在「言語道斷，心行處滅」的狀況中，失去了開悟的機緣。巖頭當然失望，及時驚醒他道：「肯即未脫塵根，不肯即永沉生死」。承認了、領會了「本常理」和「動也」的不見「本常理」，還不是究竟，如不能承認，不能領會，則後果更為嚴重，永遠落入生死輪回中。

我們常說：真理是絕對的，或獨一無二的，只有此「本體」、「大全」才能居之，基督教的「主是真理」，其意義相同。在向下一路的理則常是相對的，因為有正反的對待，因果的關係，是非的綜錯等等，下焉者如俗諺所說的「公說公有理，婆說婆有理」，上焉則如莊子所說的「此亦一是非，彼亦一是非」，均見不到真理的絕對性。所以不要以為真理就在我手裏或舌頭上，譬如說「不是白便是黑」的正反二分法，卻有不白不黑之處，黑白的相對並不是根本的、絕對的。

(8)嚴陽的一物公案

禪宗的公案，多有出人意表，要深入核心，才能領會，否則會疑情千萬：

嚴陽尊者問趙州：一物不將來時如何？

州云：放下著。

嚴云：一物不將來，放下什麼？

州云：恁麼則擔起去。（《從容錄》第五十七則）

嚴陽善信是趙州從諗的弟子，以住江西南昌武甯縣之嚴山新興院而得此名，又被稱為嚴陽尊者。「一物不將來」，謂有一物不能帶之而來，指的是諸法實相的「空」、「無」；趙州著其「放下著」，乃指放下此一觀念，而不起分別心，才能「一念不起全體現」。嚴陽似有不解，而再追問。趙州不作放下什麼的解釋，否則落於言說擬議的知解上，反而從相對的另一面著語，答以「恁麼則擔取去」，既然這樣，就承擔拿去吧！這無形無相的超越存在，如何能擔拿得起呢？相傳嚴陽言下大悟，黃龍頌明此公案道：「一物不將來，雙肩擔不起。言下忽知非，心中無限喜。毒惡既忘懷，蛇虎為知己。寥寥千百年，清風猶未已。」謂嚴陽開悟之後，所居常有一虎一蛇，就手中取食。此公案由唐至宋，仍在傳播，故云「清風猶未已」也。

人類放下所擔負、及所執持之物很容易，而且必然有放下之時，因為總有疲勞困倦的時候，會覺得是累贅，縱然是皇冠后服，也不例外，能穿著戴著，上床入睡嗎？最難放下的則是觀念，如世俗的貪求、欲望、愛惡，所謂「愛之欲其生，惡之欲其死」，是固執到了極點的形容，如何能放得下呢？或者顧前顧後，怕前怕後，很多憂抑和病症便由此而起，以至喪命。一位登山的朋友曾悠然地說：

> 我告訴了我的兒子和女兒，好的消息不要告訴我，壞的消息更不要告訴我，我已不想知道。

如果不是故作豁達，就是智慧地放下。反之就是如趙州所說的「擔取去」，世事有多少我們能擔拿得起呢？關心子女，人之常情，子女的幸福，能不能上大學、得高學位、有好職業、好伴侶，父母能擔拿得起吧！故不如放下的好，讓子女自由自在地成長，自己擔負自己的責任，頂多作一關心者、指導者、支持者，也就夠了。

⑼韶山的是非公案

在塵世之間，常因是是非非，而引發恩恩怨怨，連方外人亦不例外，才說：「不着袈裟本無事，一著袈裟事更多。」禪人卻有是非不到處的公案：

僧問韶山，是非不到處，還有句也無？

山云：有。

僧云：是什麼句？

山云：一片孤雲不露醜。

韶山寰普，夾山善會的弟子，以住河南洛陽之韶山而得名。「是非不到處」是指是非善惡泯絕的「本體界」，僧人問這一地方「還有句也無」？意謂有言句可以形容嗎？難為了韶山，竟答以「有」，而又在追問之下，以「一片孤雲不露醜」而形容之，一片孤雲乃代表現象界、「色界」，在此掩蓋之下，本體界的一切，均藏而不露，故無言說的可能，成為「是非不到處」。此一句滿足了，也解決僧人所問，卻沒有說破，只可領會，不可智知。

人世之間也有是非不到處，大概只有隱士和離群索居如魯濱遜的一類，此外只要有人類聚居的地方，雖止夫妻、或父子，仍有是非，僅係是非不大或單純而已。有自閉症的一類，因為既不當隱士，也不能是魯濱遜，故而只有杜門不出，不融入社會，遠離人群，雖不能成為是非不到處，但也躲掉外來的是非，而且將一些這類是非，讓家人去擋，在家中要成為「活死人」才行。其實投入社會中，讓是非擦身而過，不製造是非，不傳播是非，不惹是生非，也可減省了是非，不致為其困擾，縱然有是非，但已問題不大。

有理和闇與理合者，幾乎是禪公案的特色，幾無例外，由於不肯直說，又常以默為說、用肢體語言說、委婉含蓄說，故寓理成趣，待細味尋求的亦復不小，有如嚼橄欖，起口腔回甘的效果。

(七)反常合道類

禪人的開悟及其活動，是向上一路，與世俗的理念和作為上有大相同之處，故常有「反常合道」者，其所反的只是常情常理，而深合乎至道，細入探求，才有同情和會心的瞭解：

(1)丹霞燒木佛的公案

佛教的莊嚴道場，多有精美莊嚴的佛像，竟有人敢燒之向火取暖。

丹霞和尚一日凝寒，經院過宿，乃取殿中木羅漢燒向。院主致怒，乃感眉鬚墮落。師拈云：不會為客，勞煩主人。（《空谷集》第二十五則）

丹霞天然，石頭希遷的弟子，以住河南南召縣的丹霞山而得名。這則公案，省略的文句頗多，據《五燈會元》的記載，他至慧林寺，適嚴寒，乃取殿中木羅漢燒火禦寒，另則作取木佛燒火向，院主呵曰：「何得燒我木佛」？師以杖撥灰曰：「吾燒取舍利子」，主曰：「木佛有何舍利子」？師曰：「既無舍利子，更取二尊燒」。佛陀滅度，火化時有大量舍利子，木佛既無舍利子，則是木材，只有繪雕成的佛的形狀，佛不可燒，而木可燒，理由堅強，燒取舍利子乃針對院主呵責的燒木佛而發，院主既說「木佛有何舍利子」，既無舍利子，則係木而非佛，故云「更取二尊燒」。院主的鬚眉墮落，疑為得罪了這位開悟的聖者之報。則近乎神異了。天童拈云：「不會為客，勞煩主人」。似責丹霞，卻有暗貶院主不能了知和善待客人之意，而且這位客人，實非凡俗。

佛教的供佛骨、雕塑佛像，認為可藉以得福果和加持，禪宗背棄了這種作法，其禪堂在唐時空無一物，傳說有人念佛號，禪人竟吐口水，因為這是一種偶像崇拜，佛像乃泥塑木雕，完全不是佛，有何可崇拜之處？若以佛性遍周沙界而拜之崇之，則任何土木沙石，都在可拜之例，那便拜不勝拜了。拜了又有何益。

⑵芭蕉的拄杖公案

不合理而有理，不合邏輯而有意義，則是超出推理法則的智慧了：

芭蕉和尚示眾云：你有拄杖子，我與你拄杖子，你無拄杖子，我奪拄杖子。

（《無門關》第四十四則）

芭蕉和尚，身世不詳，石霜慶諸的弟子。拄杖子本為年老僧人持以助力之用，禪師上堂亦持以說法，行腳參訪，則以之防身及挑擔行囊。以常理而言，你沒有拄杖子，我給你以拄杖子；你有了拄杖子，我才有奪掉你拄杖子的可能，現在完全相反，你沒有拄杖子，我如何奪？何能奪呢？因芭蕉和尚是以有拄杖子，代表「有」、「實有」，故而「有了拄杖子」，再給你以拄杖子，乃有上加有，不會執著於有或實有，之外之上尚有不是有的存在，而為妙有，或「空有」——亦空亦有；無拄杖子乃代表「空」或「無」，你知「空」或「無」了，再奪你的拄杖子，是連「空」、「無」的觀念也要除去，才能「空而不空」，無而不是「全無」，亦空亦有，才合「中道」。如此，才不會有執「空」執「有」的執著。是以投子義青頌云：「有無古今兩重關，正眼禪人過者難」，正係芭蕉和尚此一拄杖子公案的用意，而又巧妙地將有和無以有無拄杖子形象化了。

有和實有的意義，人人都明白，如有錢、有勢、有名、有位和有多少，非常之具體而有用，不待解說而明。但「空」或「無」之理，亦明顯地存在，基本上是有，實有與無或空無形成了相對的觀念；其次有與空有連帶一體的關係，房子建好了，要有空間，要開無牆壁的門窗；甚至在事物之中，我們也要知空、知無，花開了必有花落的空無時候，人在出生的剎那，已注定了死的結局，不是由有而無嗎？連物質不滅定律，也要把「空」、「無」包括進去，這樣我們才不致太執著。

(3)洞山的無寒暑處公案

人是自然環境的動物，雖然今時已戰勝了環境，但仍有極大的局限，假如夏天處在溽暑蒸人的「火爐」中，連雞蛋也烤熟了，誰不想躲在冷氣房間中，甚至想鑽進冰箱內；相反地處大雪冰中，誰不想溫暖如春的地方呢？可是禪人卻有無寒暑處去的公案：

僧問洞山：寒暑到來，如何回避？

山云：何不向無寒暑處去！

僧云：如何是無寒暑處？

山云：寒時寒殺闍黎，熱時熱殺闍黎。（《碧巖錄》卷五）

禪宗中有多位名洞山，此乃洞山良价，已見前文。寒暑到來是自然現象，僧人問話之意，是以寒暑代表煩惱和諸苦，如果能回避了、解脫了，實際是得大解脫、得大自在的開悟；洞山當然深知其意，直接告以到無「寒暑處」——到無煩惱處就好了；其實未解決問題，只是激起了疑情，故引起了僧人的質疑——什麼是無寒暑處？真有無寒暑處的地方嗎？又如何去呢？洞山的答話似乎無理已極，但在掃除問話者的情識意想，而圖激其開悟，寒時寒殺「闍黎」，熱時熱殺「闍黎」——你這僧人！其意以為：一，寒暑並無回避之處。二，經過寒到寒死你，熱到熱死你的考驗之後，還要找無寒暑處的地方嗎？三，洞山答話最主要的意義在顯示煩惱即菩提，是一體的二面，開悟了，有何煩惱？再者煩惱不起作用了，豈不是菩提了嗎？其後洞山的弟子曹山問僧人：「恁麼熱，向什麼處回避？」僧云：「鑊湯爐炭裏回避。」山云：「鑊湯爐炭裏如何回避？」僧云：「眾苦不能到！」正與此公案同一意境。

世人可能什麼都不多，多的是煩惱；什麼都沒有，有的是煩惱，真要參究這則公案，得出智慧，得出脫解的辦法。首先要有煩惱無法躲避和閃過的觀念；也不是癡愚式的「死豬不怕燙」，在煩惱中漂泊；而是恁著智慧，將煩惱作一種考驗，以智慧願力化解之、消除之，使煩惱不成其為煩惱，以無寒暑處而言，今時不是有了空調的無寒暑處了嗎？世人的無煩惱處決不是如此的簡單，我們要追尋煩惱的源頭和形成的原因所在，最根本的是因欲望而起的貪求諸苦和性格上的限定，所謂性格上的悲劇。以針對性的方法而破解之，消減之，逐漸地如鐵之融，冰之解，以智慧和願力形成能調節煩惱的「空調器」，才有煩惱不到處，正如空調中的寒暑不到。

但是常常要經過「鑊湯爐火」裏走過，才有「金剛不壞身」，然後諸苦不能到。

⑷石霜的遍界不藏的公案

禪人著語常有違反事實和不合邏輯的詭異：

僧問石霜：咫尺之間，為什麼不睹師顏？

我道遍界不曾藏。

僧後問雪峰，遍界不曾藏意旨如何？

峰云：什麼處不是石霜。（《請益錄》第八十三則）

石霜慶諸，已見上文。僧人問「咫尺之間，不見師顏」，已奇怪而不合事實，蓋以師顏代表「本來面目」——「本體」，石霜已知其意，才說：我道「遍界不曾藏」——遍周沙界也不曾隱藏這「本來面目」。不是強詞奪理，而是本體的作用，見於一切的現象界中，含有人未能悉，你未能悟罷了。僧人其後舉以問雪峰義存，他答以什麼處不是「石霜」——處處都是你要問的「本來面目」——「本體」。

「佛性遍周沙界」，事物之「理」，亦無處不在，氣亦無處不有，故朱子以「理」或「氣」為萬事萬物的本體，萬事萬物都是理和氣的作用。何以禪人不肯如此直言明說呢？因為哲學家僅止於求文句以知理明道，而禪人則求悟「理」悟「道」，求開悟是怕直接說破了，知道了而壞了開悟，所以說：「言語道斷，心行處滅」，正說明了這些忌會，原因如何？道理是否正確，屬於禪宗的宗教秘密。

世事有不能說的嗎？當然有，而且事例甚多，如隱私、隱秘。但開悟了的內涵等，有不可說的嗎？也有，而是說不清的難於言說，例如百步穿楊的神箭，每投必中的籃球員，問他們如何射中、投中時，往往只能做一個射箭、投籃的姿勢，表示就如此這般的得中了，其實那是由千千萬次體悟而得的手感，所謂的獨得之秘。形形色色的行業，和諸多藝術上的「可意會而不可言傳者」多係如此。要窮其奧秘，只有自己用功與用心，才能體會。

(5)洞山的不病公案

人吃五穀雜糧，誰能不生病，可是禪宗師中卻有不病的公案，他並不是金剛不壞、百病不生：

洞山不安，僧問：和尚病，還有不病的麼？

山云：有。

僧云：不病者還看和尚否？

山云：老僧看他有分。

僧云：和尚看他如何？

山云：不見有病。（《從容錄》第九十四則）

洞山良价，已見上文。洞山「不安」即身體欠安而有病；僧人的問病，語句頗怪異：「和尚病，還有不病的麼？」答案當然是有，難道一個人生病了，天下人都生病了嗎？其實句中藏有機鋒，洞山答以「有」，在引出僧人問話的機鋒所在。果然逗引出來了：「不病者還看和尚否？」不病的是誰呢？是主題，而看不看和尚是陪襯；洞山答以「和尚看他有分」，言外之意是這不病者不來看他，不會也不能看他了，和尚追問原因到底道：「和尚看他如何」？洞山則「不見有病」。深見切要，不見那不病者的「有病」，指出那位不病者非同小可，不落在病與不病的層次上，寓意「那不病者」是一切萬有的根源，不落動靜有無上，怎會有病呢？

眾生病，我亦病，是佛教「同體大悲」的菩薩思想，其意是我本無病，乃由於眾生之病而病，觀音菩薩的「地獄不空，我不成佛」。其意境如此。由一國之君至每一大小團體的領導者，以至父母家長，都要有此「同體大悲」的理念，求其落實，則會急人之所急，憂民之所憂，不至於公器私用，更不至止求以選票得位，而悖民謀私了。以此檢驗政治人物，他們是什麼，如果眾生本不病，因為他以私害公而病了，大概地獄縱使被觀音菩薩渡空了，他還會被打入地獄。看著吧！他們會不會入地獄？應該是入地獄如箭，快得很。

(6)馬大師不安的公案

與洞山不安的同一類似的，是馬大師「不安」——也生病了：

馬大師不安，院主問：和尚近日尊候如何？

大師云：日面佛，月面佛。（《碧巖錄》卷一）

馬大師被唐朝當時的禪人，推崇備致，而有此稱，法號是馬祖道一，但與臺灣的媽祖，毫無關係。他是南嶽懷讓的弟子，本是去應考的生員，在旅店中聞人說：「選官何如選佛」。於是而入了禪宗，他的公案和禪法，傾動當時，是禪宗中心之一。

馬大師生病了，院主來問疾，他的回答卻是語意難明的「日面佛，月面佛」，佛名經中有此二佛之名，有點像「阿彌陀佛」的意味。此一問話，至北宋之際，才形成諸多禪人的參求，如圓悟佛果云：

如今多有人道：馬大師接院主，且喜沒交涉；如今眾中多錯會，瞠眼云：左眼是日面，右眼是月面，有什麼交涉。……（同上）

很顯然是對院主的接引或指點，因為並無其他的人在場，院主是受話的物件，卻一無反應，錯過了機緣，圓悟佛果又云：

祖師若不以本分事相見，如何得此道光輝。此個公案，若知落處，便獨步丹霄。若不知落處，往往枯木巖前差路去在。……（同上）

對馬祖的問疾答話，最容易起的凡情，明明是病了，卻說「日面佛、月面佛」，恐怕是病中的夢囈語；因其答話而生的則應是「聖解」，馬大師的生病，不是真的病了，而是與「日面佛、月面佛」同在；就禪人的參禪而言，不能落凡情，也不應求「聖解」，如雪竇重顯所頌出：「日面佛、月面佛，五帝三皇是何物？」指不能生聖解，其意甚明；面對問疾之人，而只說日面佛、月面佛則不落凡情之意亦甚明顯，去了這些分別心和雜染，才有可能的開悟出現。院主在此情境下而未悟，是機緣未到吧！

病與死無可避免，馬大師、洞山和很多的開悟人亦不能免；有些寺廟塑的臥佛，其實即臥病的佛陀，故而日面佛、月面佛也不免於病和死，其成佛和得大自在是另一方面，所以既不能逃避這些，那麼順應病和死，要用平常心和保健法了，以多運動、求醫藥、重飲食，以防治疾病，珍重生命，年壽已至，則到了生命的盡頭時，要作好身後的安排，劃下完美而無奈的句點，走完人生的歷程。

⑺洞山的萬里無寸草公案

「野火燒不盡，春風吹又生」。草不但生命力強，其無所不在，大概遠勝於蟑螂、螞蟻，禪宗師卻說：「萬里無寸草」，其意義為何？

洞山示眾云：秋初夏末，兄弟或東或西，直須向萬里無寸草處去。又云：只如萬里無寸草處作麼生去？

石霜云：出門便是草。

大陽云：直道不出門亦是草漫漫地。（《從容錄》第八十九則）

「萬里無寸草」顯然反常；「不出門亦是草漫漫地」，也是反常；以洞山良价為首提出了這話頭，會沒有道理嗎？著語的人，又如此之多，真是各有理了，洞山良价，前文已多見。此一示眾乃在僧眾參修到了夏季期滿之時，如現時放暑假的前夕，提出了參禪的暑假課題：落在凡境，禪人謂之「落草」，已見前文。洞山勉勵結夏的僧眾「直須向萬里無寸草處去」，實際的意義是不要落草，一超直入到無草的聖境中去；大概知道了僧眾已明白此意，復激起疑情道：「作麼生去」——如何到達其處？其後這也應是洞山要提示的重要問題，可是如俗話所說：「師父領進門，修行在各人」。如何去？是禪客自己的事，總不能由洞山抱著他們去吧。故而以下的禪師並未在這一方面「著語」以表示意見。石霜慶諸的「出門便是草」，意謂不能開悟，出門就「落草」了；大陽玄針更進一步說：「直道不出門亦草漫漫地」——現象界的凡俗，更無所不在，不待出門，也不待修行的「出定」，就「落草」了。這「草」就在門內，也在四周。

古人對於草的認知大概止於賤、亂、雜多，是牛馬的飼料等等，常比之於小人，而不知其保持水土和綠化的作用，禪人的「落草」，想必受此影響。其實在世俗上也有「落草」之談，代表的是失落和沉淪，例如落草為寇，草寇、草莽等，又如蕪穢不治，大概因為沒有如今日的綠油油的草地之故。其實草是無知的，也是無辜的，踐踏在腳下，也不會抗議；襯托出花繁錦簇，填補大地、平川、荒漠的空隙，有識而卑微之士，以作一株小草而心甘，甚為有理。人世之間那有如許多的牡丹、玫瑰的大紅大紫呢？

⑻趙州的布衫公案

做一件布衫，是平常事，而禪宗師卻以之作為參禪求悟的話頭：

僧問趙州：萬法歸一，一歸何處？

州云：我在青州作一領布衫，重七斤。（《碧巖錄》卷五）

趙州從諗，已見上文。他有古佛之稱，禪人甚多參他的話頭。僧人問「萬法歸一，一歸何處」？表面上僧人的問話是嚴肅的大問題，而趙州的答話不但文不對題，且似隨意作弄人的「老頑童」，作一領布衫，也就罷了，而且有地點——是在青州做的；有重量——達七斤之多；這問話的人聽了，豈不目瞪口呆？趙州的答話，正要達到這樣的目的，截斷思惟擬議，方當下開悟有分，正如有僧問木平和尚：如何是佛法大意？平答道：「這個冬瓜如許大」一樣。

就僧人的問話：「萬法歸一」，既然知道，森羅萬象都歸在這「一」之中了，

「一」是本體、是一切，一也在「一切」之中，趙州焉能不知？所以圓悟佛果評道：「雖難見卻易會，雖易會卻難見」，難在於如何開悟見道。

世人常有難得糊塗的話，不糊塗而扮成糊塗，如所謂的扮豬吃老虎，歷史上的「佯狂」，在言語上常是顛顛倒倒，問西答東，裝瘋賣傻，讓人啼笑皆非，其實在掩飾其真面目、真意圖，趙州這一答話，雖然動機有別，但異曲同工。我們面臨某種窘境時，不妨試著用一用，只要不造成傷害，而避免了彼此間的尷尬，就是智慧。

(9)趙州的大死底人公案

死人復活，已足稱奇，竟然形成公案：

> 趙州問投子：大死底人卻活時如何？
>
> 投子云：不許夜行，投明須到。（《碧巖錄》卷五）

投子大同，翠微無學的弟子。趙州以勘驗的動機提出了問話：「大死底人」乃大死一回的人，意指已開悟的禪人，如大死一回的人卻又活了如何？投子答以「不許夜行，投明須到」。問的難而答的妙，恰似「不許張口，就吃飽了肚子。」不管路多遠，不許走夜路，天明要到達，不是無理而不可能嗎？乃譬說開悟之後的境界，不同於現在世界的神奇而不可思議，如「人從橋上過，橋流水不流」。這完全是神話嗎？封神榜的千里眼、順風耳，現在的科學天地早已超過了。

袁了凡說：「從前種種譬如昨日死，以後種種譬如今日生。」正是從「大死底人卻活時」的話頭底變化出來的，當然是高格調，高境界；即使不是對開悟的人而形容之，如犯了很多錯誤，或有了諸多不是，悔悟了，痛改了，這一「昨死今生」的形容，也有重新做人，天清地泰的感受。這一公案既神奇，又簡明生動，好好記住，付諸行動，則功德無量了。

⑽南泉一株花的公案

花是常見之物，禪人也有花的公案，不是欣賞花，而是藉花寓禪：

陸亙大夫與南泉語話次，陸云：肇法師道：天地與我同根，萬物與我為一，也甚奇恠（怪）。

南泉指庭前花召大夫云：時人見這株花，如夢相似。（《碧巖錄》卷四）

陸亙，字景山，江蘇吳縣人，曾官戶部郎中，太常少卿，御史大夫，宣州（安徽）觀察使等職，師事南泉普願。陸亙所引的肇法師所說「天地與我同根，萬物與我為一。……」乃僧肇所著「涅槃無名論」所云。其稱「奇怪」，似感驚詫所言的當理，然以禪門耆宿視之，不以知解為貴，所謂「畫餅不可以充饑」。南泉的指庭前花召他道：「時人見此一株花，如夢相似。」指僧肇所說，正如一株花呈現在時人的眼前，綺麗惑人，如夢如幻，而非真實，更因此而妨礙了開悟，陷入了思而知，慮而解的情況中。南泉不是寓說僧肇所言的不合理，因為在「本體」的作用下天地和人，都同此根本，萬物和我都由此「一」而出，不但合理，也不難解。

花是真實的存在嗎？大家都認為花的開放，花的美豔，都給我們以如實存在的感覺，當然也有如夢幻的一面，由含苞待放，至盛開時的色香，不久便枯萎凋落，殘紅狼藉，所以說：「何必待零落，然後始知空。」現在各類的化妝品，各種的美容養顏食品藥物，無非是增加那如夢的豔麗，或者延遲而已：其實功用不大，如夢相似，總會破滅而成一場空。現在很多人常說：我也年輕過！我也美麗過！雖然有些淒涼，也有些無奈，但已由如夢醒般，悟透了真實。

㈡重雲的歸根得旨公案

與出門便是草話頭相反的，就是這歸根得旨的公案：

僧問重雲和尚：如何是歸根得旨？

師曰：早是忘卻，不憶塵生。（《空谷集》第二十八則）

重雲智暉，白水本仁的弟子，以住陝西長安的重雲寺而有此稱。僧問「如何是歸根得旨」，不是問這話頭的意義，因為很明顯地是歸根比喻返本還源而得開悟的妙旨，故乃問如何而後可得可到；重雲告以「早是忘卻」，渾然忘記了這些，才能悟入有分，悟入之後，當然不「落草」而「孤峰獨宿」了，不再憶及塵俗的一生，語淺而理足意深，也不是真實地有路可達。

困難而又複雜的問題，禪宗閑閑道來，疑難雜症，似乎迎刃而解，這是禪宗的智慧。歸根得旨，其實更是智慧的語句，總結某一事物，某種經驗，而領會其巧妙，不但是某種程度的悟解，也是智慧的獲得，若能落實到應用的層面，應是美好的指導原則，正如鄧小平的「改革開放」，威力無窮，效用廣大。

(12)雪峰的古澗寒泉公案

古澗寒泉，是世俗所有的，但禪宗師賦予了特別的意義，不然飲者會死嗎？

僧問雪峰：古澗寒泉時如何？

峰云：瞪目不見底！

僧云：飲者如何？

峰云：不從口入！僧舉似趙州。

州云：不（不字應係多出的字）可從鼻孔入。

僧卻問趙州：古澗寒泉時如何？

州云：苦。

僧云：飲者如何？

州云：死。雪峰聞云：趙州古佛，從此不答話。（《請益錄》第三十一則）

雪峰義存、趙州從諗，均見前文。乃同時的禪宗耆宿。此一公案，不但顯示了禪宗師悟境的高下，也可見當時行腳參訪的頻繁和辛苦，趙州在河北，雪峰在福建，由這一公案可見其訊息相通，和被重視的程度。

古澗寒泉，顯然是以形而下的事物，以比喻形而上的本體界，「古澗」形容古老久遠相繼相承，「寒泉」表示此泉之不同，由現象面對本體界時如何？「瞪目不見底」謂其不可目睹；僧人問「飲者如何？」深寓如何飲用而悟入？雪峰答以「不從口入」，也寓有不能感覺以悟入之意；僧似不滿意，也未開悟，行腳到了當時北方宗師的趙州處，仍伸此問，趙州答「可從鼻孔入」，水可從鼻孔入而飲用嗎？顯然不能，指悟入之時，要於常理、情識意想之外求之；僧人問「古澗寒泉時如何？」如何飲？如何才能飲到？趙州答以「苦」，不是指水的苦味，乃謂歷盡求悟的諸苦；「飲者如何」？趙州答以「死」，更出人意外，其「死」，乃大死一回，而又活了過來之意。答話顯然更反常，也更合道。雪峰的推崇和不再答話，其故應係如此，而不是答話錯了。

愈高層次，愈困難的事，往往危險重重，苦痛層層，要歷經諸苦萬辛，才有到達的希望，「不經一番寒徹骨，焉得梅花撲鼻香」，道出了其中的道理，其實不止一番「寒徹骨」，可能是多番的寒徹骨。

以上的公案，有的大大的違反了事物的常情常理，但是合乎至高之道，只因「向上一路」與「向下一路」，顯有不同之故。

㈧奇特神異類

人類進步至今，在科學的求證、能證之下，聖經創世紀所記，宇宙萬物是神所創造的，人也是神所「複」製等；現在科學家證明物種進步的過程，人是進化而來；伽地略地球是圓的，是動的的說法，遭到天主教異端裁判所的審訊，伽利略跪在神父的座前，收回其學說，但是宗教的迷狂和信仰，並未衰滅；不合乎科學證驗的事務的奇特神異，被視為迷信的，迄未破除，如鬼神靈異，人的前生和轉世，生死禍福和命運等等，仍在信行，只有深信、淺信、似信而疑的程度之別。禪宗的開悟，相當程度超出了理性判斷和現實經驗之外，但卻非信仰上的迷狂，也不標榜所謂的怪力亂神，因為共同認所得的是最高的智慧，而且破除煩惱的寂靜涅槃，不是實有的世界，但是在公案中，仍有奇特神異的一類。

⑴百丈的野狐公案

在知識分子之中，不論有沒有接近禪或禪學，幾乎都知「野狐禪」的名詞，即因下述的公案之故。

百丈和尚上堂，常有一老人聽法，隨衆散去，一日不去。丈乃問：立者何人？老人云：某甲於過去葉迦佛時，曾住此山，有學人問：大修行底人還落因果也無？對他道：不落因果。墮野狐身五百年。今請和尚代一轉語。丈云：不昧因果。老人言下大悟。（《無門關》第二則）

百丈懷海見前文。這是禪宗有名的野狐公案，參之者極多。野狐能化人身而參禪嗎？就佛法的傳入而言，迦葉佛時野狐前身是說法接引的耆宿，即住了百丈山嗎？

其時佛法應未傳來，百丈山乃百丈懷海所開創，他能住此山嗎？這近乎神奇矛盾，禪人未予致疑。

佛法極重因果，大修行人未開悟至寂靜涅槃的境界，何能不落因果？其答以不落因果，顯然錯了。百丈代下一轉語，「不昧因果」——明白了因果，自應知因知果，不落因果了。野狐大悟，以後脫去了野狐身。然而《無門關》云：「不昧不落，千錯萬錯。」則就參禪求悟而言，如果只是落在情識意想上，起不了開悟的作用，則「不昧因果」與「不落因果」，都是錯的，可是野狐卻因「不昧因果」而大悟了。入宋之後雪峰道圓在黃龍慧南法會中聞二僧舉此公案，一僧云：「只如不昧因果，也未得脫野狐身。」一僧云：「便是不落因果，亦何曾墮野狐身耶？」乃悚然異其語，急上黃蘗積翠庵頭，過澗忽然大悟。雖然不可思議，似未落在思而知，慮而解的境況中，故而大悟。而舉此公案的二僧，顯然參此公案了，似並未得悟。

佛法的因果律，甚為大眾所信，道理和例證，比比皆是，因為「因能招果」，即動機行為等，會招致相應的結果，如「種瓜得瓜，種豆得豆」，因此形成了「善有善報，惡有惡報，不是不報，時辰未到」的因果說。我們不可能不落因果之中，故更應不昧因果，方能不落因果。但因果有時不是機械式的，因為變化複雜，因果不一，時空不同，因果難明之故。有的因，也未必招果。

(2)南泉與土地神的公案

土地神乃廣大民間奉祀的神明，大約由漢至今，各地多有信奉，但也成為禪公案：

南泉至莊，偶遇莊主預備迎奉。

泉云：老僧居常出入，不與他知，何夙排辦至此？

主云：昨夜土地神報。

侍者便問：既是大善知識，為甚麼卻被鬼神覷見？

泉云：土地前更添一份供養。（《請益錄》第九十八則）

南泉普願，已見上文。南泉常與這莊主往來，此前沒有什麼迎接的儀式，據記載這次卻大眾歡迎，熱鬧的很，這是南泉所問：「何夙排辦至此」——為何早就安排辨理到這程度呢？在常人而言，修行到了被土地神知道其行蹤的地步，是大可誇耀之事，侍者卻問「既是大善知識，為什麼卻被鬼神覷見」？意謂若達最高境界，則鬼神不能窺其奧秘而知其行蹤了。《景德傳燈錄》卷八所記較詳細，南泉在莊主所說之後，他說了：「王老師修行無力，被鬼神覷見。」因而引起了質問。他答以：「土地前便添一份供養。」乃是「土地前更下一分飯」的改寫。後人於此著語道：「是賞伊、罰伊？」南泉的一分飯的意義為何？蓋指出自己修行未到「平常地步」，顯出了「聖瑞」，才為土地神窺知，若如常人的祭祀土地神，則不致如此了。

這一公案，雖有神話的性質，但卻未誇耀神異，反而以「修行無力」自責，「神棍」與禪宗師的分別也即在此，「神棍」乃以種種怪異迷惑大眾，而南泉卻認是自己修神的火候未到家，而自責自勉，因為所重的是在開悟而獲得的智慧，所以被稱為「大善知識」，否則便是「大神棍」了。

(3)或庵的胡子無鬚公案

禪人的話頭，有為世人所不甚理解者：

或庵曰：西天胡子，因甚無鬚？（《無門關》第四則）

或庵師體，宋代僧人，為護國景元的弟子。他因佛陀的塑像、繪像均無鬚，「西天胡子，因甚無鬚」指此。禪宗初祖的達摩畫像則有鬚。其實有鬚和無鬚，都不是本公案的重點。《無門關》云：「參須實參，悟須切悟，者個胡子須親一回始得，說親見早成兩個。」佛陀的因甚無鬚？意謂開悟之後，如佛陀一樣之後，才知道其原因，不是憑傳說、繪畫、雕塑的像無鬚，便可知道的，所以才說：「參須實參，悟須切悟。」否則「無鬚」與否的話頭，便無意義，頂多只是佛陀金容的雕塑問題了。說「親見早成兩個」，意指開悟了，親見了佛陀，便是此人和所見的佛陀，成了二個相對的個體，在此絕對的「萬法歸一」的境界裏，只有「一」而無「二」，不會有親見佛陀而成「兩個」的情況。

佛陀的金容，為什麼沒有鬚？其實也是值得探索的問題，只是牽涉到佛陀的生平，像貌是否無鬚？何以無鬚？塑像繪像何以無鬚？但或庵拉高到了悟道的層次，令人有意外之感。

(4)曹山的孝滿公案

喪家的喪事，是世俗的，是悲傷的，可是下述的公案，竟然是喜悅之情。

僧問曹山，靈衣不掛時如何？山云：曹山今日孝滿。

僧云：孝滿後如何？

山云：曹山愛顛酒。（《從容錄》第七十三則）

曹山本寂，已見前文。「靈衣不掛時」以守喪尚未期滿除服，以寓發明大事尚未圓滿，仍在守喪而比擬守戒也；至於今日孝滿，表示已除服而高掛靈衣，謂發明大事而圓滿之後，「愛酒顛」，乃形容不受戒律及其他約束而逍遙自得。

守喪是報答父母、孝思不忘的沉痛追念的表現。古人由三年之喪，及其後的一年，今時縮短至七七四十九天，這是形式上的；大孝終身慕父母如大舜，是精神上的；重點又貴在「揚名顯親」，「毋忝所生」，不辜負父母的教育恩典上。西方則認生兒育女，是父母的職責，職責盡到了，何必望子女的報答呢？這是中西思想的不同，形成了習俗和行為上的差別，因而各自遵守其傳統。可見禮儀的問題，實多紮根在其文化的傳承上。

⑸五祖的倩女離魂公案

禪人的話頭，不但雅俗兼收，竟有以小說故事而寓意的：

五祖問僧：倩女離魂，那個是真的。（《無門關》第三十五則）

五祖法演，乃宋代臨濟宗楊岐派下白雲守端的弟子，以住湖北五祖山而得名。倩女離魂係唐之陳元佑所撰的離魂記中故事：倩女慕愛王宙，隨之離家，並生有二子，及王宙返鄉，真正的倩女正臥病在床，而隨王宙在外生子的，是倩女的魂魄，故名倩女離魂。其魂與肉體相合，倩女復甦。五祖藉此故事，以喻世上事物的真和妄。現象界的事物是假像的存在，正如倩女的肉體；真如、本體才是真實的，如倩女之魂；亦喻說肉體的、有形的存在是妄；而無形的「心」、「性」才是真，《無門關》云：「若向者裏悟得真底，便知出殼入殼如宿旅舍。」指出了人的皮囊，乃是一外殼。

有生命往往便有形體和形體的主宰的「神」，二者是一還是二，形成了一元論和二元論的爭議，糾纏難解。神寓於形的入殼，神離於形的出殼，是最切實的形容了。不傷神以戕形，由養形以全神，不是養生的原則嗎？

(6)投子的劫火洞然公案

有許多關於宇宙本源和成毀的大問題，哲學所不敢輕易判斷和想像的，禪宗師卻閑閑道來，極具自信：

僧問投子大同：劫火洞然時如何？

子云：寒威威地。（《空谷集》）

投子大同，翠微無學的弟子，以住安徽桐城的投子山得名。僧人以仁王般若經的偈語：「劫火洞然，大千俱壞。」以問投子，意謂劫火洞然明顯的時候，大千世界的一切都毀壞了，此一宇宙的「本體」、「真如」，是否在劫火之中，一同毀滅了呢？投子答以「寒威威地」，意謂再大的劫火，大千俱壞之時，此「本體」、「真如」，仍「寒威威地」——還很寒冷，不因「劫火洞然」而增加了溫度，意謂一點也不受影響。二顆原子彈在日本爆炸了，前時在東南亞的印尼、泰國等地大地震發生了，甚至地球經過了四次冰河期，可以說是「劫火洞然」了，這「本體」、「真如」壞了沒有，不仍然是由體起用而「四時行焉，萬物生焉」嗎？可以證實投子「寒威威地」的答話。

同理，人類某些根本的東西不會毀壞，例如生命的生生不息，生死相續，人倫中父子兄弟和姻親的關係不會毀滅，只可能有某些變化，人性也是如此，定然有欲望、有情感，如貪嗔癡慢，如喜怒哀樂，故孔子深信：「言忠信，行篤敬，雖蠻貊之邦行矣。」我們可以體悟到這些不可毀滅的道理，是經得起檢驗的。再大的毀滅，也毀滅不了某些東西。

(7)風穴的古典公案

禪公案中，有很多怪異的語言，明白之後，才覺得是智慧的顯露。

僧問古曲無音韻，如何和得齊？

穴云：木雞啼子夜，芻狗吠天明。

風穴延沼，南院慧顒的弟子，以住河南汝州的風穴山而得名。僧問古曲無六律五音的演奏法，如何能相和演奏？以比擬開悟的高難度。風穴答以木做的雞在午夜啼叫，草紮的狗於天明吠叫，至此之時，如此之神奇，古曲無韻律，有何演奏的困難？

風穴回答了如何開悟的方法了嗎？是難於有此方法，真是「無中有路透塵埃」，說沒有卻還有，只能「妙手偶得之」了。人類很多的難題似無解的連環，其後竟然解開了，很多不靠經驗，不由知識，甚至與思惟無關，而由於突然而悟得的智慧，因為有閃耀的靈光，激發了悟性之故。

(8)一口吸盡西江水的公案

禪人常有大話、奇語，予人以不可思議之感。

龐居士問馬大師：不與萬法為侶者是什麼人？

師云：待汝一口吸盡西江水，即向汝道。（《空谷集》第十八則）

佛教謂世間的事事物物均有其理法，故稱之為萬法，「不與萬法為侶者是什麼人」，即超出萬法之外，不與其中的事物為伴侶的是什麼樣的人？如果直接的回答是「聖者」、是造物主等等，可謂一無難處。而馬大師則告以「待汝一口吸盡西江水即向汝道。」誰有此本領？世上無此可能。意謂開悟了，方能一口吸盡西江水，到了此時此刻，則不必問不與萬法為侶者是什麼人了。

龐居士、馬大師均見前文。馬大師這奇怪的答話，龐居士竟然因而開悟了，不是其他，而是機緣到了，佛性的「靈光」引發了之故。前賢有些願景，也如一口吸盡西江水一樣難，如羅家倫先生追求北大校花某小姐，其答應下嫁的條件之一，要求他當上北大校長。對一位在北京大學求學的學子，竟然要求如此，難度比之一口吸盡西江水雖然容易了許多，但人人都知道其苛嚴，其後羅先生做到了，婚嫁成功了。在古人的題詞中：往往有一口吸盡西江水，即出於這一話頭，也有如神話般偉大願景的期望。

⑼廣德的靈利人公案

禪人問話，多一問一答，或就一問而追問的已不多，然而卻同一問題作三問而三答者：

僧問廣德：如何是靈利人？

德云：維摩不離方丈室，文殊未到早先知。

又問：如何靈利人？

德云：垢膩汗衫皂角洗。

又問：如何是靈利人？

德云：古墓毒蛇頭戴角。（《請益錄》第十七則）

廣德的身世和其師承均不可知，《請益錄》的作者萬松老人，宋末元初人，他辨正廣德為「襄州石門慧徹機緣」。世俗的「靈利人」，乃聰明靈利之意，而僧人所問的乃如何而是有聰明智慧的開悟人之意。廣德答以「維摩不離方丈室，文殊未到早先知」，乃活用維摩詰經中的「文殊問疾」，靈利人如維摩詰的於文殊菩薩來問疾，未到而能先知，謂開悟後其神通如此；僧人似未滿意而仍問前問：廣德答以「垢膩汗衫皂角洗」，謂滌除汗衫的污垢等以得清淨本真，如神秀所謂「時時勤拂拭，莫遣有塵埃」之意；另一意義指開悟以後，尚有「聖瑞」的和以聖者自居，仍如汗衫的有污垢，須以「皂角」如今之肥皂加以洗淨，應如此會意，因開悟後仍應到「平常地」也。僧人三問如何是「靈利人」，廣德答以「古墓毒蛇頭戴角」，寓意是不能久久安禪守聖，所謂沉空滯寂，不起救人度世的作用，所謂「焦芽敗種」，如「大海裏宿死屍」。而且起了是凡是聖的分別心，和以聖位為目的之貪求心，則仍將會落入生死的苦海中，故以古墓毒蛇比喻之，古墓形容其久遠，毒蛇比其惡念，頭戴角指其怪異。

同一問題，問了三次，有三種不同的回答，是不是由問話僧的神色舉動，見知覺察了什麼？問同一問題時，有不同的情態，而分別予以指點，因背景不明，而不能明其原故了。

孔子的弟子問同一問題如問孝等，孔子的回答不同，乃因係不同的人，有不同的背景，和不同的疑惑之故，如「父母惟其疾之憂」，「有酒食先生饌，不敬，何以別乎」等，所以有善問者，有善答問者，「善問者如攻堅木，先其易者，後其節目」，要由易而漸入於難，層層剝入，使問的問題得到解決；「善待問者，如撞鐘，扣以之大者則大鳴，扣之以小者則小鳴，待其從容，然後盡其聲。」回答問題的人，要視問者的程度，問題的大小和難易，作相應和對方能接受的回答，才能解惑去疑。禮記這些話，無疑地廣德禪師做到了。

(10)香嚴上樹的苛嚴公案

禪人的話頭，有極不合情理的苛嚴設限：

香嚴和尚云：如人上樹，口啣樹枝，手不攀枝，腳不踏樹，樹下有人問西來意，不對即違他所問，若對則又喪生失命。正恁麼時，作麼生對？（《無門關》第五則）

香嚴智閑，已見前文。香嚴這一假設情況，極為奇特，似乎無解。但一方面顯示了「西來意」的回答如此為難，不是真的答話為難，而是促使問話者如何得開悟為難；一方面更寓有「不說之說」，「不答之答」的深意，在激起學人的疑情，自悟而自得答案，故《無門關》云：「故有懸河之辯，總用不著，說得一大藏教，亦用不著。」即係香嚴此一上樹公案之意。

樹上和樹下，有何分別？正如門內、門外一樣，「一線」之差，而實大有不同。任何一門技藝、學術等均需入門，方可進而登堂入室，否則始終是門外漢。而入門之道，除每一技術、每一學門，要先奠定某種程度的基礎，並有不同的入門方法，大概不外「思得」——思索貫通以得；「體得」——由經驗、功夫積累之後的體驗而得；最特別就是開悟了，在某一時機和某種外緣的引發下，徹悟了，忽然入門了，「上樹」了，如香嚴所說。上樹之後，樹上自有「風光」，俯視自己在「樹下」的情況，可能不免自笑自憐，追覺以前的淺薄。

以上的公案，顯示了禪人接引學人，顯示禪境，參求明心見性的奇特處、怪異處，大異於世俗的學問知識，而非任何的思惟方法可到可知，但是在洞然明白之後，縱然不能說「佛法無多子」！但均覺其突出了世人知識、經驗的樊籬，其智慧在閃動靈光。

㈨答在問處類

禪人的話頭，總是有問有答地進行。縱然是問而不答的沉默，也是答了；還有如上述的肢體呈機一類，也是以肢體語言進行了。可是有的答話，竟是以禪人的問話，作為答話，答案就是問話；反過來說，問話即是答話，竟然「問題解決」了——開悟了，或不問話了。

⑴法眼的毫釐有差公案

禪宗師將問話的學人，所問的話再去回答學人，竟然有意想不到的效果：

法眼問修山主：毫釐有差，天地懸隔。汝作麼生會？

修云：毫釐有差，天地懸隔。

眼云：恁麼又爭得！

修云：某甲只如此，和尚又如何？

眼云：毫釐有差，天地懸隔。（《從容錄》第十七則）

法眼文益和龍濟山主紹修，同為羅漢桂琛的門下，後修山主成為法眼的傳法人。「毫釐有差，天地懸隔。」什麼事物有這麼嚴重嗎？指的是迷和悟之間的差別只如毫釐，而迷則是凡夫，悟則是聖者，有如此的天高地遠的限隔。法眼以問修山主，修山主以這話頭的意義已非常明白，故仍以「毫釐有差，天地懸隔」作答；法眼故意挑起修山主的疑情道：「恁麼又爭得？」果然引發了修山的質疑：「和尚如何？」法眼的回答仍然是「毫釐有差，天地懸隔」，修山因此悟入而禮拜。最大的原因是修山主於這兩句話，只是依文得解，在「死水裏浸煞」，而在法眼的反問下激起了疑問，又因法眼竟然仍以原來的話頭回答，起了抽釘拔楔的作用，抽去他原來知道的只是這話語僅能知道了迷與悟的差別，此刻忽然觸動了「機關」而悟入了，由迷而悟的天差地別。顯示了答話即問話的神奇作用。

很多的格言，我們記得牢牢地，句中的意義也知道得很清清楚楚，如「有恆為成功之本」，有何難以明白之處？知道了之後和知道之人，真的成功了嗎？不止是知的問題，更涉及到行的問題，再深入一層，如何而有恆？對何種事物有恆？天天跳舞、上舞廳、天天喝酒等等，有恆了、結果如何？所以如不廓然明白，真會「死在句下」，不是格言錯了、理解錯了，而是未大徹大悟。

⑵玄則與丙丁童子來求火公案

類似上一則的公案，仍發生在法眼的法會上：

玄則禪師在法眼會下，一日法眼云：你在此間多少時？

師云：在和尚會已得三年。

眼云：你是後生，何不問事？

師云：某甲不敢瞞和尚，某甲曾在青峰處得個安樂處？

眼云：你因甚麼語得入？

師云：曾問青峰，如何是學人自己？峰云：丙丁童子來求火。

眼云：好語！祇恐你不會。

師云：丙丁屬火，將火求火，似將自己求自己。

師云：情知你不會，佛法若如是，不到今日。

師燥悶便起，至中途，卻謂他是五百人善知識，必有長處。卻回懺悔便問：

如何是學人自己？

眼云：丙丁童子來求火。師於言下大悟。（《公案三百則》中二二）

這則話頭，燈史等書記載有詳、略之不同。上文已甚詳明。報恩玄則的開悟，仍在再問時的答話，仍落在原處的「丙丁童子來求火」上。玄則前所領悟的，多在文句上的思惟瞭解，丙丁童子的解釋，正落在思而知的智識的層面上，在法眼被反問而作同一語話的回答時，玄則卻突然而開悟了，正如修山主的情況一樣，可見玄則以前之悟，為一知半解之悟；法眼何以知道玄則的未悟，因為他的答話：丙丁屬火，以火求火等，全是文字上的解釋和世俗語言，沒有「向上一路」的任何表示，可見勘驗的正確。

答在問處，是一問一答的正常情況，如此方能針鋒相對。此類答在問處的奇特之處，只是將原來問話的語句，原封不動用作答語，在世俗之間，尚未發現這種答語的方式。玄則的可貴，是在法眼指出他的未悟之後，卻能檢討，又回來懺悔求教，假如悶憤而真的離開了，便失去此一開悟的機緣了。所以問疑請教之時，態度一定要謙遜，於指出了錯誤，要虛心接受，因為這才是對症下藥的「善言」，「禹問善言則拜」，何能惱怒、悶憤而拒絕呢？玄則險些因此而喪失了良機，可作前車之鑒。

(3)慧超問如何是佛的公案

禪宗中話頭，以如何是佛、如何是佛祖西來意為最多，下述問如何是佛的答話和效果最為奇特：

舉：僧問法眼，慧超咨和尚：如何是佛？
法眼云：汝是慧超。（《碧巖錄》卷一）

這是一則有名的公案，拈出者最多，但以《碧巖錄》最早。可是文句過省略，參考了其他文獻，得知僧人所問的是這一公案；而公案所發生的經過是慧超咨問法眼文益：「如何是佛」？法眼的答語則為「汝是慧超」，慧超言下大悟。在禪宗的燈史上，慧超出家後被稱為歸宗真策，慧超為其本名，因為以後住在廬山歸宗寺而有此稱；法眼亦名淨慧。

慧超的問如何是佛？與你是慧超的答話，似乎毫無關係。其實答在問邊，你是慧超，你自己就是佛，何必問如何是佛？如何成佛？只在你自己是否開悟了而已。慧超因此而開悟，連帶使這一公案，名震當時。

有很多難題，百思而不能得其解決之道，但有時靈光閃動，靈感忽來之時，便煥然冰釋，此一公案顯示的悟的結果，有相似相通之處，總在乎時時在念，處處留心，外機外緣隨時可起引發的作用。劉勰文心雕龍所說：「笑談以針勞，逍遙以藥倦」，以引致靈感之來，極有道理。

(4)瑯琊的清淨本然公案

答話即問話，全然不差一字句，而問話的禪人不再問，又無異議，是不是「忍氣吞聲」了呢？

僧問瑯琊覺和尚：清淨本然，云何忽生山河大地？

覺云：清淨本然，云何忽生山河大地。（《從容錄》第一百則）

瑯琊慧覺，趙州從諗的弟子，以住安徽滁州的瑯琊山而得名。首楞嚴第四云：「富樓那問：若復世間一切根塵陰處界等，皆如來藏，清淨本然，云何忽生山河大地，諸有為相次第遷流，終而復始。」這段經文，是因如來藏的清淨本性有生起一切現象界事物的作用，而又與之「不一亦不異」，僧人依照富樓那所問同樣的問題：「清淨本然，云何忽生山河大地」？並非不知此一經文的文句之意，瑯琊避免了「依經解義，三世佛冤」，予以文義解說，而完全以僧人所問的語句回答。參此公案的人著語道：「騎馬賊追賊，奪賊槍殺賊」，雖然近乎誇飾，但亦接近事實。

僧人於瑯琊慧覺的答話，未再發問，顯然有了某些方面的瞭解，至少認為不是回避他的問話，而是回答了他的答話。其後參此公案的人，也有這種認同。世俗之間的問答，很難如此，如果採用了這一方式，會誤以為未聽清問話，予以重複，證明是否有了錯誤。疑思問，由問以得破疑的效果，甚至「悟解心開」，但必然先要不輕問，反復尋思而百思不得其解之時，便問的深入，而虛心受教，容易得到啟發，禪人的問話者確實具有此一精神；又於禪宗師的答話，更不敢輕忽，不敢懷疑，故而不隨便反問，否則是一場口滑，有的牢記數年，甚至一生者，真是終身藏之，無日忘之，所以產生神奇的啟發效果。

⑸仰山問三聖的公案

禪宗耆宿之間，彼此問話之際，似戲謔而大有機鋒：

仰山問三聖：汝名什麼？

聖云：惠寂。

仰山云：惠寂是我。

聖云：我名惠然。（見《碧巖錄》卷七）

三聖慧然，臨濟義玄的首徒。仰山慧寂，已見前文（兩慧字寫作惠，乃同音通假而用）。仰山係為仰宗，但二派有密切關係，而且從問話的語氣，二人不可能彼此不知姓名。仰山問三聖：「汝名什麼？」三聖當然知道來了機鋒考較，卻答道：「我名惠寂」，答的是問話者的名字，仍是答在問邊，仰山似乎以「版權所有，翻印必究」的立場說：「惠寂是我」，奪回了名字；而三聖才說：「我是慧然」。二人似相互戲謔，又玩賓主互換的遊戲，但寓有「道可道，非常道，強名之曰道」之意，而且不生我執的意義，名字未約定俗成之時，三聖是惠寂，有何不可？三聖更可名惠寂，在仰山說：「惠寂是我」時，三聖似乎說，慧寂既然是你，那我就是惠然好了，不管如何，名字不過是一符號，仰山的大笑，乃「深肯」之意。

循名責實，是名家的堅決主張，在法律上、政治上亦無不注重，所謂「名不正，則言不順」。可是名字是每一眾生標誌的「烙印」——符號，出生之後，由父母等長輩命名，然後進入了官府，和用於人際社會之中，成為一生的注冊商標和符號。如果去掉了名字，便大有不知我是誰的概歎，三聖「奪」了仰山的名字，而意義不同，大有你我一體，而又賓主互換，所凸顯的是「向上一路」的點出。

(6)玄沙親傳底事的公案

禪人問話，明明係以「向下一路」的俗事，以探問「向上一路」的玄妙，而答話即在此俗事上答話而見意，卻密切扣合：

僧問玄沙：如何是親傳的事？

沙云：我是謝家兒。

玄沙師備，雪峰義存的弟子，以住福建侯官昇山之玄沙院而得名。僧人問「如何是親傳的事」，乃問達摩來華，親傳密授的宗旨如何？玄沙答以「我是謝家兒」，表面上根據僧人的問親傳而來，他本姓謝，他的父親、世系就是親傳，所以說「我是謝家兒」；但是人人本具的佛性，在聖不增，在凡不減，只有悟與不悟之別，不必待達摩來華始有，謝家世世代代的親傳就有了。巧妙地針對僧人問話的涵義而回答了。

父母和祖先於子女和後代，形成親傳，最遠的是譜牒，是這家族的歷史，有時姓氏歷史的光榮即後裔的光榮，孔子、孟子至今還令姓孔姓孟的後人稱道姓氏而生光輝；但姓秦的只因出了秦檜的關係，在岳飛的墳前抬不起頭來，只因害死了「岳爺」之故，「我到墳前愧姓秦」。子女之於父母，更血脈相承，而又生活在同一屋簷下，言行舉止，生活習慣，都有親傳，每一位父母都應自問：有沒有親傳？親傳了什麼？親傳了多少？產生了影響沒有？方能說有無親傳——家教。

⑺踈山的答佛師公案

佛陀有師嗎？當然有，可是下述的問佛師公案，意非如此，而答話更令人驚奇：

僧問踈山：如何是佛師？（《景德傳燈錄》、《五燈會元》均作佛師，較為合理）

山云：何不問踈山老漢？（《空谷集》第二十七則）

踈山匡仁，已見前文。佛陀雖是自悟自覺的悟道者，亦應有師，如何是佛師？大有深意：佛陀開悟了，佛陀的老師開悟了嗎？是佛陀的老師令佛陀開悟的嗎，為什麼他卻不能成佛？踈山的「何不問踈山老漢」？而僧人卻正是問踈山老漢，他就是佛師，你開悟了嗎？知道了誰是佛師，又能如何？故此公案，除了問聖以凡對之外，在撥除問話僧人的外求觀念，如林泉老人對這公案的著語：「自肯承當，不勞別覓。」求問佛師，乃屬多餘。

孔子是「至聖」——大聖人，學無常師，所謂「三人行必有我師焉」。他問禮於老子，訪樂於萇弘，學琴於師襄，因為學術知識技藝，皆有待於師承傳授，至於得精髓，成專精，則無不在自己的體悟，孔子的「四十而不惑」，其深一層的意義是開悟了，徹上徹下地貫通了，才無疑惑。到了這一階段之時，則無「聖師」——聖人之師為誰的問題。

⑻雲門的回互公案

「向上一路」和「向下一路」的事物，都不是單純的，如事之與理、因之與果，有互相涉入的關係，禪人稱為「回互」：

舉參同契云：回互不回互。僧問雲門：如何是回互？

門指板頭云：不可喚作板頭。

僧云：如何是不回互？

門云：這個是板頭。（《請益錄》第四十六則）

雲門文偃，已見前文。參同契為石頭希遷所作，解釋回互的道理云：「門門一切境，回互不回互，回而更相涉，不爾依位住。」指的是「本體」、「大全」與大千世界的事物，有「不一亦不異」的關係，如大千世界中的翠竹、黃花，乃「本體」、「大全」所出，但並非「大全」、「本體」，故云「不爾依位住」、不回互時而處於不同的狀態中。由此大概可以瞭解僧問回互時，雲指著板頭云：「不喚作板頭」，因為板頭只是形狀，而本質則係木；僧再問「如何是不回互」？木已作成板頭，就其現在的存在而言，只是板頭。所以木與板頭，在回互時是互相涉的，在不回互時，各自存在而有外形與內質的不同。

在世俗之間，存在回互關係的莫過事與理了，理事不二，有此理便有此事，水有浮力，故有些東西投入水中便浮了起來，所謂「水能載舟」，此時水與舟有回互的關係；舟不入水，水不載舟之時，則無回互的關係，舟自舟，而水自水，是易見易知的例證。知道回互的關係，才不會只看一面，甚至只看現象，不看本質，而落在一邊，便失去了觀微知著的洞察力了。

(9) 道吾的看病公案

人吃五穀雜糧，冒寒暑風雨，誰能不生病呢？可是下述的看病公案，深有至理：

溈山問道吾：甚麼來？

吾云：看病來！

山云：有幾人病？

吾云：有病者，有不病者。

山云：不病者莫是智頭陀麼？

吾云：病與不病，總不干他事，速道速道。

山云道得也沒交涉。（《從容錄》第八十三則）

溈山靈佑，道吾智圓，已見前文。道吾答溈山的「看病來」，應是見面的寒暄話；溈山再問「有幾人病」？方暗藏機鋒，因為自己去看病，怎知有幾人病？即使是醫生，也應問：看了幾個病人；道吾回答的更妙：「有病者、有不病者。」似乎是廢話，其寓意是有迷失的要救渡的病者，有不迷失的「不病者」，已開悟了。溈山才說：「不病者是你圓智嗎？」你開悟了嗎？圓智的回答更推上了一層：「病與不病，總不干他事」，指的是「本體」、「大全」，所謂「實際元來不受塵」，沒有病不病的問題，更要求溈山速道速道——快些回答，不經思惟擬議地快速直接地回答他的話；溈山答的好：「道得也沒交涉」，說著了也沒有什麼干涉，因為此「向上一路」，根本道不著，「說似一物即不中」。

問看病的問題，而答以有病的，有不病的，也是答在問處。我們都希望「不病」，成為「健康寶寶」，已不大可能；但真正的「不病」，是開悟而有大智慧的人，在專業或人生的任何一方面，疑難冰釋、障礙悉除，呈現的是自由逍遙的境界，無懼無憂，縛纏不存，真是「日日是好日」，這才是真正的不病。

(10)道吾的不道不道公案

「不道」就是「不說」，人都有不說話的自由，但需要「頑固」到生也不說，死也不說的程度嗎？

> 道吾與漸源至一家弔慰。
> 源拍棺云：生邪死邪？
> 吾云：生也不道，死也不道。

源云：為什麼不道？

吾云：不道不道。

回至路中，源云：和尚快與某道，若不道，打和尚去也。

吾云：打即任打，道即不道。源便打。

後道吾遷化，源到石霜，舉似(示)前話。

霜云：生也不道，死也不道。

源云：為什麼不道？

霜云不道不道。源於言下有省。

源一日將鍬子於法堂上，從東過西，從西過東。

霜云：作什麼？

源云：覓先師靈骨。

霜云：洪波浩浩，白浪滔天，覓什麼先師靈骨？

雪竇著語云：蒼天蒼天。

源云：正好著力。

太原孚云：先師靈骨猶在。（《碧巖錄》條五十五則）

這是一則較長而又牽涉了多位禪師、時間經歷了很久的公案，而問來答去的，只在「生也不道，死也不道」、和「不道不道」的語句上。道吾智源、石霜慶諸，已見前文。漸源仲興乃道吾的弟子，與石霜為同門，以住湖南之漸源山而得名。師徒同至喪家弔慰，漸源拍棺云：「生邪生邪」？依世俗之見，當然是死了，棺材裏還裝著活人嗎？由佛法的生死輪回而言，其死正是往生的開始，故以「生邪死邪」質疑；道吾以其正陷於思惟擬議之中，故以機鋒語「生也不道，死也不道」以激起疑情，任漸源的追問，只答以「不道不道」。以至挨了打，還是不道。到道吾遷化——身歿之後，行腳到石霜，仍舉出這一話頭，可見久久的參究不舍。想不到石霜所回答，就是他所問的，也是道吾所說的，在石霜的「不道不道」的回答下，竟然開悟了。其後持鏟覓先師的靈骨，乃係表示悟境和感激。由東過西，由西過東，所表示的是來往過了這邊和那邊，尋覓先師的「靈骨」——即道吾的處所，不然在法堂裏找什麼靈骨？石霜答以「洪波浩渺，白浪滔天。」意謂先師已穩居現象界之外，無從覓得了。而漸源答以「正好著力」，意謂「色空一如」，正好由此再進於妙空之境。然則「生也不道，死也不道」，以至「不道不道」，是不能道破，如佛陀所說：「不可說，不可說。」

世間有不說不說的事物如個人和家庭隱私之類，已成為人人的認知。但是有「生也不說，死也不說」的一類嗎？仍然有之，如政府的絕對機密，關係到國家的危亡，所謂「一言而喪邦」，尤其情報人員中的「死間」一類，真是「生也不說，死也不說」。而此一禪公案僅只是懼怕障蔽了徒弟的「道眼」，尤可見其認真負責。

答在問處的公案，為數較少，但意義特殊，運用的方式又非常情可知，細心體會，當有意想不到的助益和效果。

㈩隨流得妙類

禪宗的開悟著眼與佛教大有不同，佛教重佛法和教法，要靠佛、法、僧、和修行的道場寺廟。而禪宗則認為只要能開悟就好，既然見桃可以悟道，聞雷、聞廁所味道、曬太陽、吃棒被喝等都可以「明心」，何必重佛法、佛教等等呢。「何處青山不道場」！「一即一切，一切即一」，目見耳聞之事事物物，在「逢緣悟達」的機緣下，都可得個「入處」，則不必放棄目見耳聞之事事物物了。所以普遍具有由世俗的一切，以悟得超世俗的至道之觀念，而有「會則途中授與，不會則世諦流布」，簡而言之，任何事物引發了本具的潛能而開悟了，禪宗師即傳授了你，如果你不會他說的事事物物的話頭，起不了「逢緣悟達」的啟導作用，則是一場世間的閒話、應酬話，如前文所說的趙州洗缽公案，僧人領會了就起了大作用，毫無啟發，就去真的洗缽吧！吃完粥，盛粥的缽，總是要洗的。隨流得妙類的公案，意義如此。

⑴趙州的吃茶去公案

吃茶是國人的飲食習慣，隨著長久的歲月，有了多種的發展，以至諸多的禮儀，而形成了飲茶文化，下述的公案，已是飲茶文化之一：

趙州才見僧來，便問：曾到此間麼？

僧云：不曾到。

州云：吃茶去！

又問僧：曾到此間麼？

僧云：曾到！

州云：吃茶去！

趙州從諗，已見前文。僧人行腳初到，趙州問以「曾到此間麼」？乃雙關語，此間明指趙州的「道場」——他所住的寺廟，暗寓「向上一路」的開悟境界，僧人答以「不曾到」之後，便轉為「世諦流布」——世俗的寒暄語了，而請其吃茶。另一僧人參訪，趙州問以同一問題，他答以「曾到」而不說曾到此間，因為「曾到」也是雙關語，既有「曾到此間」的意義，也有曾到「開悟」境界的寓托；趙州的「吃茶去！」有「印可」及讚賞而獎勵的作用。

禪宗傳入日本之後，盛行於日本，產生了「五山文學」，臨濟、曹洞二宗，傳承不衰，花園大學、駒澤大學，即受此二宗的支持而開創，駒澤大學主編的禪宗大辭典，更是禪學權威之作的工具書，即以本公案為例，日本的題詞中常有「吃茶去」的文句，鮮有人知，是用趙州的成語，「趙州茶」也是純吃茶——平常生活中吃茶的一種，便有「向上一路」吃獎勵茶的一類，不宜不明不白地喝了下去！

(2)趙州的城外底公案

趙州從諗，是禪宗中的重要宗師，不但公案多而且極負盛名：

> 僧問趙州：如何是道？
> 州云：城外底。
> 僧云：不問這個道。
> 州云：問什麼道？
> 僧云：大道。
> 州云：大道通長安。（《空谷集》第四十六則）

整個的話頭，圍繞在一個「道」字，僧人問來問去，是形而上的至道、「本體」、大全等；而趙州裝聾作呆，說的是道路行走的道，彷彿南轅北轍，但實又針鋒相對；僧人所問：「如何是道？乃至道無難，惟嫌揀擇」之道，趙州豈不明白？故意答以城外底，已有「但不憎愛，洞然明白」的透露，僧人真的從城外的道路會意，已錯過了當下悟入的機緣；僧人再問，明白地說是「大道」，已落在思惟擬議，將「大道」視為如實有之物的「實境」上，趙州答以「大道通長安」！仍在裝呆愚，但長安是唐朝的帝都，大道可通，能往求取富貴；亦寓大道可通往成佛而得聖位，只在悟與不悟而已，僧人似乎明白了，不再死死地追問了。

條條大道通羅馬，是有路可通的實境，而且只要往前走，一定有走到的一天；悟則成佛，是無路而難通的虛境，如空中釘橛——虛空中「打」釘子，如百尺竿頭更進一步，無一有形之路可通，不能保證說「行者恆至，為者常成」。但基本上不為不作，便不能至不能成，而且要靠機緣。世事也多往往如此，古代讀書人便能成進士嗎？成進士便能當尚書、侍郎甚至宰相嗎？多少人抱憾終生，才學超過了進士如杜甫，也抱有「致君堯舜上的宰輔抱負，結果諸多落空，很多時間要採草藥出賣以維持生活，不靠機緣能成嗎？而命運與機緣，幾乎是同義詞。

(3)高沙彌的我國晏然公案

禪人的開悟，不在年齡的大小、修持的長短，有時沙彌開悟了，而教授師仍在迷界之中：

藥山問高沙彌云：我聞長安鬧甚！
彌云：我國晏然。
山忻然曰：子從看經得？從請益得？
彌云：不從看經得，亦不從請益得？
山云：大有人不看經，不請益，為什麼不得？
彌云：不道不得，自是他不肯承當。

藥山惟儼，已見前文。高沙彌身世不詳，藥山的弟子。大概藥山見到了高沙彌的舉止言行有異，因而在閒談之中，試其所見的不同：「我聞長安鬧甚」，長安乃唐朝的帝都，繁華熱鬧，自不在話下，其深一層的意義，是以求官求財之地的熱鬧，以比喻反襯悟道境界的虛靜；高沙彌已有「入處」，深知藥山問話之意而答以「我國晏然」，他所悟達的「國境」——平靜安然；於是藥山進而勘驗其「入處」，高沙彌答以不從看經得，不從請益得——即參請得，乃自悟而自得也！藥山再追問：「大有人不看經、不請益，為什麼不得？」高沙彌答以不是不能得，只因為不敢承當自己是佛，自己能開悟成悟之故主，藥山滿意了，也印可了他已開悟了。英雄看慣亦常人，是指外貌而言，其內心世界必然有過人之處，往往所顯示的是豁達大度，勇於承當。試問范文正公於為秀才時，便以天下為己任，不是勇於承當嗎？不肯承當，必然臨事之際而不敢出頭，不但是「見義不為無勇也」。根本上會失去承當而絕無脫穎而出的機會。

(4)石梯問處去的公案

禪人常有師資道合的觀念，師資其所以能道合，其實無過於二人都開悟了而合道：

石梯問侍者：什麼處去？

者云：上堂齋去。

梯云：我豈不知汝上堂齋去！

者云：除此之外，別道什麼？

梯云：我祇問汝本分事。

者云：若問本分事，某甲實是上堂齋去。

梯云：不謬為吾侍者。（《請益錄》第三十七則）

石梯乃湖北鄂州茱萸禪師的弟子，身世不詳，茱萸禪師係南泉普願的弟子。石梯問侍者「什麼處去」？「上堂齋去」，等等的答話，都是僧人的日常事，也是侍者應作之事；直至石梯：「我只問汝本分事」，方屬「向上一路」，侍者當然知道了石梯問話之意，而仍答以「實是上堂齋去」，「上堂齋去」是他當侍者的「本分事」，開悟和有個「入處」，更是他自己的「本分事」，石梯大加讚賞：「不謬為吾侍者。」乃勘驗之後的「印可」，認為他已開悟了。是師資道合的境界顯示。

在我國的傳統文化中，特重師生一倫，甚至祖先牌位上大書「天地君親師」，師的傳道授業解惑，當然重要，但在科舉的漫長年代中，主持考試的考官、閱卷官都稱座師，有的並認為座師的薦拔而得中秀才、舉人、進士，更恩逾父母，大概由唐到明朝的張居正以前，即使身為言官的御史，也沒有公然以奏章彈劾座師的。以忠公體國之理而言，未免過份了些吧！其開脫的理由是：做弟子的不彈劾，還有其他人的彈劾。如此以全師道，也說的過去。但是比之「當仁不讓於師」。「吾愛吾師，吾更愛真理。」又差了很多。但如石梯和侍者的師資道合，又何可多得呢？

(5)首山的新婦公案

迎新婦，娶老婆，是俗事，竟然形成了公案，使人覺得出奇。

僧首山：如何是佛？

山云：「新婦騎驢阿家牽」。（《從容錄》第六十五則）

首山省念，以住河南開封許襄城縣南的首山而得名，係風穴延沼的弟子。僧人問「如何是佛」？乃常用的話頭，實問如何成佛之意；首山答以「新婦騎驢阿家牽」。以當時有俗諺：「顛倒顛，新婦騎驢阿家牽。」阿家牽即阿姑牽，蓋謂尊卑顛倒——新婦騎驢，阿姑牽驢。首山以此時諺寓有一家人不識一家人之意，而藉以喻佛性如新婦，本自具有，而自己不識，如阿姑之不認識新婦，只因新婦蓋頭的巾飾未掀開，未睹面相識而已。又佛性雖如新婦暫時的顯耀，終歸是阿姑的媳婦，開悟了，就認識「新婦」了。

「一家人不識一家人」，通常只有一種情況，是長年在外而突然回家，如「少小離家老大回，鄉音未改鬢毛衰。」久不見而實有其事。另一種是兒女天天生活在同一屋簷下，因缺少關注和瞭解，各幹各的，甚至各玩各的，以至子女吸毒、犯法、被學校開除、單位解雇，而驚駭不已，呼天搶地：「我的孩子不是這樣的。」現代人繫有其例。如果他所接近的親戚鄰居直接問他，你的孩子放學或下班後做了什麼？往往回答：「我也不知道。」這一「新婦騎驢阿家牽」、一家人不識一家人的公案，不是最好的警惕嗎？

(6)風穴的通不犯公案

禪宗師的答話有俚俗、有風雅，甚至以詩句為話頭者：

風穴和尚因僧問：語默涉離微，如何通不犯？

穴云：長憶江南三月裏，鷓鴣啼處百花新。（《無門關》第二十四則）

風穴延沼，見前文。語默涉離微，出僧肇寶藏論之離微體淨品，意謂未有言句的「語」、或無句的「默」，涉及「玄旨」——「本體」、大全時，如何直接領會，而不犯忌諱—不會「言語道斷，心行處滅」。風穴答以「長憶江南三月裏，鷓鴣啼處百花新」。藉形而下的景語詩句，以答僧人形而上的話頭。江南三月，春天來到之後，鷓鴣鳥啼叫，新妍的百花，處處綻放，是由本體而顯示大用繁興的象徵；鷓鴣鳥啼叫在花木深處，只聞其聲而不見其形，正是語默涉玄微，通而不犯的顯示。鷓鴣花木深處的鳴叫，以喻通而不犯，未見鷓鴣鳥的形跡，其啼叫已顯示了所起的作用。

「通而不犯」即委婉表達的語意法則，如司空圖所說：「不著一字，盡得風流。」即於所要表達的主題，沒有任何一字一句的直接述說或論及，而內容和表達便已涉及，即以所舉詩句為例，並無語句道出形而上的體與用，而體與用的關係，已情見乎辭。其實更是與人際溝通協商的最佳方法，不傷情感，在和平融洽之中，完成了溝通。

(7)地藏的不知最親切公案

禪人的行腳參訪，在求大善知識的話頭，而得個入處：

地藏問法眼：上座何往？

眼云：迤邐行腳。

藏云：行腳事作麼生？

眼云：不知。

藏云：不知最親切。眼豁然大悟。（《從容錄》第二十則）

地藏桂琛，亦作羅漢桂琛，乃住的寺廟所在前後不同的原故。法眼文益，已見前文。行腳即遊方，無一定的目的。法眼的迤邐行腳，即隨順地理位置的遠近次第去行腳；地藏問其為何行腳，並非不知行腳的目的，乃以覘其反應；法眼答以「不知」，則頗奇怪，似已陷於茫然若失之中，也是機緣到了，在地藏「無知最親切」的指點下，一點而透，一撥即轉，豁然大悟了。「無知最親切」，是喪失了惡知惡覺，不思善，不思惡，如愚如魯，而非真愚真魯，最親切，謂最能悟入，所謂「不識不知，順帝之則」。符合了絕學無為閑道人，不除妄想不求真的境界。由無知之知，得到智慧之「知」。

法眼的迤邐行腳，乃禪人不主一師，也破除了門戶之見，有「道之所存即師之所存也」的深意，即大詩人杜工部所云：「轉益多師是汝師。」但與無常師相近而有不同，因為在行腳禪人之間，必有資訊流通，而得行腳的師資目標，如今時的留學外國，去那一所大學，這學校最好的學門、最強的師資，以及設備、學風、生活、獎學金等，收齊所知的資料，方決然申請前往，不會冒然一腳踩下去的。

(8)趙和尚的平地望山坡的公案

佛教與禪宗的最大不同，就是教下視佛陀為聖者、為偶像，而宗門則視佛陀為追求的目標：

僧問郢州趙横山柔和尚：如何是佛？

柔云：平地望山坡。（《空谷集》第四十九則）

趙橫山柔和尚，法系身世不詳。僧人問「如何是佛」？實問「如何而可成佛」。柔和尚所答平實而有意味。佛陀如高山在前，雖然有「高山仰止」之意，但非高不可攀，遙不可及，平地望山坡，只是距離、高度的差別而已。這一差距只是悟與未悟而已。又平地望山坡，顯示出成佛只是一目標，並無實際的距離，可以舉步即到，也可以高不可攀。凡聖之間，有無形的限隔，也有可通的津梁。

在人世之間，有很多平地望山坡的事例，養在深宮中的「誕生王子」，去登基的稱孤道寡，只咫尺之遙；子女之於父母，更如平地望山坡，其始子女在養育中時，父母的地位是高不可攀的。其後子女不停地成長，漸漸在拉近距離，甚至超而越之，所謂「雛鳳清於老鳳聲」。父母只有接受，也因此而成世代交替的良性循環，如此方有生生不息的繼起後代。在事業功勳上，更是如此，例如曾國藩、彭玉麟與太平天國的洪揚軍作戰，其訓練水師是效法戚繼光的，初始成軍，比之於戚家軍和戚氏所立的功勳，自是遠有不及，以後不是先後相繼，可以並肩而無愧了嗎？

(9)南泉的玩月公案

月到中秋分外圓的時候，禪宗耆宿也不例外地要賞月，有的成了公案：

南泉與趙州玩月次，州云：幾時得似這個去！泉云：王老師二十年前也曾恁麼來。（《請益錄》第七十五則）

南泉普願、趙州從諗是師徒的關係，二人均見前文。玩月乃中秋賞月，趙州在求道未悟的階段，故云：「幾時得似這個」？是以圓如銀盤，光明如鏡的月亮，以比擬開悟之後所得的大圓鏡智；南泉答以「王老師二十年前也曾恁麼來」。南泉俗姓王，喜歡自稱王老師，暗示二十年前已如此了，現在已大有不同，在勉勵趙州的再努力，他所希望的，是極可能的，例證在前，不宜灰心。

人人都有極大的精神力量，佛家稱之為願力，甚至超過了世俗的立志，而念茲在茲，永矢勿忘，連中秋賞月也不釋懷，可見其願力。所以作何等之人？立何等的事業？全在個人的願力，專心致力，一往而前，無悔無怨，雖未必全然成功，但必然是成功的最大動力，因為已決定了，已盡力而為了，總會有成功的一刻的來臨。如果沒有這願力的驅動，則心靈、精神似在冬眠狀態，起步的願力全無，如何走得出去呢？

⑽雲門的藥病相治公案

應病與藥，藥病相治，是古今一致的，然而在禪公案中，甚有不同：

雲門示眾云：藥病相醫，盡大地是藥，那個是自己？（《碧巖錄》卷九）

雲門文偃，已見前文。「盡大地是藥」，相傳是文殊菩薩與善財童子的故事，文殊一日命善財童子採藥：「不是藥者採將來。」善財遍採，無不是藥者。故來白報云：「無不是藥者」，雖然有真實性，但仍是寓言，但為雲門所本。而藥病相治，則似乎用臨濟的語句，臨濟義玄：「道流，無佛可得，乃至三乘五性，圓頓教跡，皆是一期藥病相治，並無實法。」藥病相治，而又遍地是藥，其意是病了便能治，而雲門的重點，卻在「那個是自己」，二者有何關係？雲門之意，非以醫藥相治，以治自己的病。意在促使學人，發現自己，「那個是自己？」那個是真正的自我，有病了嗎？藥病相治的藥是什麼？發現了真正的自我，佛性本具，得到開悟，還有病嗎？還要藥嗎？自己才是一切的本原。所以雪竇重顯頌之云：「盡大地是藥，古今何太錯。」錯在不知自己，向外求，向他求，自己不病，何需藥治？言外之意，任何的藥，能治一迷字嗎？反而言之，知道了那個是自己，則盡大地是藥。

醫和藥是維護我們的健康所不可缺者，以前是藥病相治，而應病與藥，是基本的原則，現今多的是不病而給藥，所謂的健康藥品，幾已人人在用，而且很多的藥，不是盡大地是藥，來自大自然，而是化學劑，很難除去某些有害的成分，故而維他命吃多了，而中毒了。最嚴重的是「不知那個是自己」的病急亂投醫，例如隆乳、拉皮之類，本來無病，卻「治」成了有病，連基本的藥病相治的原則也悖離了，真是不生病也難。

以上選取了十則隨流得妙的公案，可見「佛法在世間，不離世間覺」的真實面，禪宗能面對真實的生活，遠遠擺脫了印度佛教的階級性，不是形式上的，而是實質上的，以「向上一路」的開悟成佛而言，就在「向下一路」的事物中，「何處青山不道場」、「觸目菩提」真正地在生活中落實了，才有這類的公案，而且這一類相當的多。

柒、結　論

在五百則被拈出、參究的公案，選取了一百多則，而且就其特別之處，歸納成為十類，似乎錯亂的公案，大致有了條理和系統，也許不太合乎公案不宜「理性處理」的原則，但更直接地顯出了「直指人心」的根本，「一即一切，一切即一」的「體用一元，顯微無間」的關係。

選出的公案，未依時間的先後排列，一則各公案都是獨立的。二則是拈出時挑其最要的居前。三則不是明禪悟，而是通禪悟於世用，故而世次顛亂些也無妨。每則公案，不過寥寥數語，比較佛教最簡明的《金剛經》、《涅槃經》也短了很多，一則我民族性厭繁瑣而喜簡易；二則開悟不在理事和語言的瞭解中，而在悟性的激發上；三則國人的智慧天賦高人一籌，能言外知義，不言而喻。故一言數語的公案，有快人一語，快馬一鞭的效果。

公案宜參不宜解，略而言之，參則得智慧，解則得思理，前人的公案之書，徘徊在二者之間，而偏於參，故甚多迷離彷彿之詞，以希求參學的禪人，因指而得月。現代宗門大多已失參的宗旨，似不必如前人的顧忌，故而著重於解，仍求不落於邏輯的理性思考與判斷，雖有將不能說的，忌諱說著的，不但說了，有時落於直說，因主於發揮禪宗師開悟所得的智慧，而通於世俗的向下一路，智慧之光能如燈之破暗啟明，於某人、某事、某物、尤其是某一執著，產生了引領的效果，則在智慧的光輝下，會因毫釐之差，而天地懸隔。

禪公案有英譯本，更有日譯者，已在產生效應。鈴木大拙的諸多著作，不必說了；美國的職業籃球名教頭賈克遜，有禪師之名，雖有溢美，已有禪的影響。故希望此百則公案，如牟尼珠，如大圓鏡，彰顯的是公案的智慧。再加上該探者有死蛇活弄的本領，則能察幽微，不怕耍詐弄假，因為也不是教你耍詐弄假，而是產生慧識，產生「胡來胡現」的效應，而且立得住腳跟，成為如達摩所說，是個不受惑的人。

《智慧的禪公案》跋語

司馬遷撰成《史記》，很自豪、而又自傷地說：

僕誠以著此書，藏諸名山，傳之其人。（司馬遷〈報任少卿書〉）

劉勰撰成《文心雕龍》，很謙遜地說：

茫茫往代，既洗余聞；眇眇來世，倘塵彼觀也。（劉勰《文心雕龍・序志》）

蘇軾曾經既自豪又謙遜地說：

遇天色明暖，筆硯和暢，便宜作草書數紙。非獨以適吾意，亦使百年之後，與我同病者，有以發之也。（朱弁《曲洧舊聞》）

司馬遷深信他的《史記》在後世必有知音，事實證明，司馬遷在後世得到了不少知音。劉勰的話說得很委婉含蓄：「或許《文心雕龍》將塵穢後代人的視聽吧！」實則他深信《文心雕龍》足以啟迪後世子孫而傳世不朽。蘇軾乘興揮灑「草書數紙」，他也深信後世必有「與我同病者（同嗜草書藝術者）」，有以弘揚他的藝術精神。這番話也說得謙遜而充滿自信。事實證明，《文心雕龍》在今日影響深遠，早已成為顯學；而蘇軾的行草名跡如〈黃州寒食詩帖〉等作品，也在後世得到了許多知音。

衡山杜先生松柏最近撰成《智慧的禪公案》一書，書中詮釋了歷代禪師的言行、精神，往往三言兩語，直契精微，言近旨遠，期收棒喝之效。歷代禪師精魂，必然欣悅於千年之後，遇此知音。而《智慧的禪公案》一書之必有「與我同病者，有以發之」，而「倘塵彼觀也」，自是可以預期的。

記得民國六十七年暑期，我在國立臺灣師範大學總圖書館，尋尋覓覓，突然眼睛一亮，發現了杜老師所撰的《禪學與唐宋詩學》一書。於是借歸勤讀，而於開悟之事，若有所悟。後來因緣際會，就學於東吳大學博士班。民國八十年，渥蒙杜老師首肯，得列　門牆。自此以後，時時親炙　師學，因而對於「思之思之，鬼神通之」之學，若有所悟。其後作詩撰文，寫企畫案，創意時出，幾於無往不利。可以說，「思之思之，鬼神通之」之學正包涵了由緣得悟之道，因而讓我有了嶄新的生命。於是獻曝獻芹，轉授生徒，希望他們也能解惑安心，而於學術、人生，得以逢緣開悟。這一切都得感謝　杜老師的啟迪。

今年八月，得以校讀《智慧的禪公案》書稿，又體會了更深刻的醍醐灌頂滋味，好像再度回到東吳大學的課堂，恭聆　杜老師講學。人生的機緣，實在是很奇妙。當然，成宗還要感謝臺灣學生書局　鮑總經理邦瑞惠允出版此書，使得此書得以化身千萬，庶幾得遇知音，而有以發之。杜老師命成宗撰寫跋語，成宗自知學植淺陋，非敢附驥，而師命大有一喝一棒的感受，因綴此數語，藉抒區區之思云爾。

福山崔成宗敬識於淡江大學中文系民國九十四年十月廿八日

國家圖書館出版品預行編目資料

智慧的禪公案

杜松柏著. – 初版. – 臺北市：臺灣學生，
2005 [民 94]
面；公分

ISBN 957-15-1286-9 (精裝)
ISBN 957-15-1287-7 (平裝)

1. 禪宗 – 語錄

226.65　　　　94022601

智慧的禪公案（全一冊）

著作者：杜松柏
出版者：臺灣學生書局有限公司
發行人：盧保宏
發行所：臺灣學生書局有限公司
臺北市和平東路一段一九八號
郵政劃撥戶：○○○二四六六八號
電話：(○二)二三六三四一五六
傳真：(○二)二三六三六三三四
E-mail : student.book@msa.hinet.net
http : //www.studentbooks.com.tw

本書局登記證字號：行政院新聞局局版北市業字第玖捌壹號

印刷所：長欣彩色印刷公司
中和市永和路三六三巷四二號
電話：二二二六八八五三

定價：精裝新臺幣四六○元
平裝新臺幣三八○元

西元二○○五年十二月初版

22605

ISBN 957-15-1286-9 (精裝)
ISBN 957-15-1287-7 (平裝)